NOUVEAU RECÜEIL

DE DIVERSES LETTRES PATENTES,
Edits & Declarations des Rois de France & d'Angleterre.

Avec divers Arrêts, tant du Conseil d'Etat, que du Parlement de Bordeaux, & autres Titres concernant les principaux Privileges de la Ville de Bordeaux, Bourgeois & Habitans d'icelle.

CONFIRMEZ PAR LETTRES PATENTES du Roy LOUIS XV. heureusement regnant.

IMPRIMÉ PAR ORDRE DE MESSIEURS LES MAIRE, SOUSMAIRE ET JURATS.

Etant en Charge Messire GODEFROY - LOÜIS COMTE D'ESTRADE, Lieutenant General des Armées du Roy, & Maire de la Ville.

Messire JOSEPH DE SEGUR, Chevalier, Vicomte de Cabanac, Baron de Bellefort, Sousmaire.

Messire FRANÇOIS VASSAL, Ecuyer, Sieur de Barraut de Monvieil, Jurat.

Mᵉ Mᵉ PHILIPPE LEDOULX, Ecuyer, Avocat en Parlement, Jurat.

Mᵉ FORT DUBERGIER, Ecuyer, ancien Consul, Jurat.

Messire RAYMOND DE GOMBAULDT, Ecuyer, Jurat.

Mᵉ Mᵉ GUILLAUME MALERET, Avocat en Parlement, Jurat.

Mᵉ THADÉE SAINCRIC, ancien Consul, Jurat.

Messire LEONARD DE JEHAN, Ecuyer, Conseiller du Roy, & Procureur Sindic.

Et Mᵉ Mᵉ GUILLAUME DUBOSCQ, Ecuyer, Conseiller - Clerc & Secretaire ordinaire de la Ville.

A BORDEAUX,
Chez GUILLAUME BOUDÉ-BOÉ, Imprimeur ordinaire de l'Hôtel de Ville, ruë Saint Jâmes, prés du Grand Marché.

M. DCCXVII.

EDIT DU ROY

PHILIPPE LE BEL,

PORTANT confirmation aux Maire & Jurats de la Ville deBorde aux de la Justice haute, moyenne & basse, tant dans ladite Ville que Banlieuë d'icelle ; laquelle confirmation est communément appellée la Philippine.

EXTRAIT DE LA CHRONIQUE BOURDELOISE.

HILIPPE par la grace de Dieu, Roy de France : Sçavoir faisons à tous presens & à venir, Que comme nos chers & feaux les Maire & Jurats, & Communauté de la Ville de Bordeaux , eussent de tout temps & ancienneté toute Justice haute, moyenne & basse , sur toutes personnes demeurantes, tant en ladite Ville que Banlieuë & Jurisdiction d'icelle, selon les bornes & limites tels qu'ils s'ensuivent ; sçavoir est, puis l'emboucheure de la Jale, en la Riviere de Gironde, le long de lad. Jale, en montant par la terre jusques à la Jale vieille,& de la Jale vielle au Moulin de la Begueyresse, & du Moulin jusques à Jalepont, & dudit lieu de Jalpont jusques au lieu de Magudans : De sorte que led. lieu de Magudans , puis la Jale tirant vers Bordeaux , den eure dans le détroit de la Banlieuë & Jurisdiction de ladite Ville , & dudit lieu de Magudans jusques au pas de las Bacques , & dudit pas de las Bacques jusques

A

4

à la Croix de Beautre à la Justice de Bolgio, & dudit lieu de Bolgio jusques à la Justice de Belin, au lieu appellé Lagubat, & de la Justice de Belin vers les fins & limites de Leugnan, étant toute ladite Parroisse de Leugnan dans la Banlieuë de Bordeaux, tout ainsi que l'eau, appellée la Blanche, descend par ladite Parroisse de Leugnan à l'Estey de Correjan, où ledit Estey entre en la Riviere de Gironde, ou dudit Estey de Correjan jusques à Bordeaux, & dudit Bordeaux jusques à l'Estey de Lormont, & dudit Estey joignant le Puy petit, qui est prés l'Eglise dudit Lormont, jusques au grand Puy, tirant à la maison de Gaillard de Lormont, selon que ladite maison va droit, & s'étend jusques à la Croix de la Sauveté dudit Lormont, dernier les maisons, & de ladite Croix vers le bois de la Ramade, demeurant led. bois dans la Banlieuë de Bordeaux, & dudit bois par le chemin qui va à Artigues, au poirier qui est à l'extrémité dudit chemin, au lieu appellé à la Loubeyre, & dudit lieu vers la fontaine de Mons, & de lad. fontaine jusques aux ormeaux de sainte Gemme, & de là jusques aux poiriers de la Paille du Puy, qui est plus haut que Artigues, & de là jusques à la Fontaine de Marguerite, & de ladite Fontaine jusques au Pont de Gueyron, & de là jusques au Puy de Merleis, & dudit Puy de Merleis, jusques à Audietorte, & à la Forcade de Gemme, & d'Illéc jusques à la Forcade de Villelongue, tout ainsi que le chemin s'étend jusques au grand chemin qui est entre la Palu & Côte, & comme ledit grand chemin & Palu durent jusques à l'Estey de la Tiéne, & dudit Estey jusques au susdit Estey de Correjan, demeurant toute la Mer dite Gironde, qui est dans les susdits détroits & limites, en la Jurisdiction de ladite Ville : Nous ayans égard aux services & fidéle devotion que lesdits Maire, Jurats & Communauté de Bordeaux ont toûjours par bons effets témoigné, tant à Nous qu'à nos Devanciers, & Couronne de France, & mêmes depuis que la Guyenne a été mise sous nôtre main Royale, étant d'ailleurs dûëment informez par les Patentes & avis de nôtre amé Chevalier Jean de Burlac, Grand Maître des Arbalestiers, & nôtre Sénéchal en Gascogne, & au Duché de Guyenne, que ladite Justice haute, moyenne & basse leur appartient dans ladite Ville, Banlieuës & Jurisdictions, selon qu'elle est ci-dessus limitée & confrontée, avons de nôtre autorité Royale confirmé ausd. Maire, Jurats & Communauté ladite Justice en tous lesdits lieux, ensemble aux Prevôtez du Barpt & Camparrian, qui auroient n'a gueres été érigées au préjudice de ladite Communauté, & de la Justice à icelle appartenant. L'usage de laquelle Justice Nous avons de certaines sciences & de grace speciale octroyé & donné ausdits Maire, Jurats

& Communauté, fur toutes perfonnes, excepté ceux qui font ou feront de nôtre Maifon & Famille ou dudit Sénéchal, la Juftice & connoiffance defquels Nous voulons appartenir à Nous ou à nôtredit Sénéchal, excepté auffi & refervé la Jurifdiction qui s'exerce en la Place
de Lombriere, devant Lombriere, par nôtredit Prevôt dud. Lombriere
entre les Etrangers complaignans, venans de plus loin que ladite Banlieuë de Bordeaux. Et afin que ces chofes foient fermes & ftables, Nous
avons fait fceller ces prefentes Lettres de nôtre Sceau. DONNE' à Paris
l'an de grace mil deux cens nonante-cinq, au mois de Decembre.

*Collationné par Nous Confeiller - Clerc & Secretaire ordinaire
de la Ville, fur l'Original qui eft dans les Archives d'icelle.
A Bordeaux ce 14. Avril 1714. Signé, DUBOSCQ.*

---

*HENRICUS Dei gratia, Rex Angliæ & Franciæ, & Dominus Hi-
berniæ, Senefcallo Judici appellationum & Procuratori noftris Vaf-
coniæ ac cæteris Officiariis, Miniftris & fervientibus noftris in Ducatu
noftro Aquitaniæ conftitutis qui nunc funt vel qui pro tempore fuerint feu
eorum locotenentibus falutem. Cum Dominus Edouardus, nuper Rex Angliæ, Avus nofter per Litteras fuas Patentes quas confirmavimus, reftitue-
rat & concefferat pro fe & Succefforibus fuis dilectis & fidelibus noftris Majori, Juratis & Communitati Civitatis noftræ Burdegalæ & eorum Succefforibus Balleucam Civitatis prædictæ cum alto & baffo Juftitiatu ac mero
& mixto Imperio ejufdem Balleucæ cum ejus pertinentiis univerfis tam per
mare quam per terram vauguam ad dictam Civitatem ab antiquo pertinen-
tem & pertinere debentem & prout fe extendit per limites, metas &
vividas fubfcriptas, videlicet, ab ipfa Civitate ufque in hac Civitate &
fuburbiis Burdegalæ, computatis ufque ad bocam Jalæ ubi Jala cadit in
mare vocatum Gironda, prout dicta aqua de Jala, prætenditur in afcendendo
directe ufque ad Jalam veterem, & de Jala veteri ufque ad Molendinum
de la Begueireffa, & ab ipfo Molendino ufque ad Jalapont, & de ipfo
loco de Jalapont ufque ad locum dictum de Magudas. Itaque dictus locus de
Magudas à Jala citra verfus Burdegalam remanet & remanere debet infra
Balleucam, & de Jurifdictione & diftrictu communi Burdigalæ, & de
ipfo loco de Magudas ufque ad locum dictum Lopas de las Vaguas & de ipfo
loco dicto le Pas de la Vaquas ufque ad Crucem de Beutras, & de Beutras
ufque ad Juftitiatum de Vogio, prout de Juftitiatu de Legio protenduntur
termini ufque ad Juftitiatum de Belino, fcilicet ufque ad locum vocatum Lagubat, & de Juftitiatu de Belino verfus fines feu terminos Parrochiæ de*

*Leognan remanente tota dicta Parrochia infra Baleucam Burdegalæ, &
prout de ipsa Parrochia de Leognan aqua appellata la Blanqua descendit
usque ad bocam Esterii de Correjano ubi dictum Esterium cadit in mare vocatum Gironda , & de ipso Esterio de Correjano usque ad Burdegalam , &
de Burdegala usque ad Esterium de Laureo Monte , & dicto Esterio de Laureomonte prout vadit & extendit se Baleuca inter podium parvum quod est
prope Ecclesiam de Laureomonte ex una parte , & magnum podium quod est
versus domum Gaillardi de Laureomonte ex altera , prout caminus vadit directe & extenditur usque ad Crucem salvitatis de Laureomonte retro domos,
& de illa Cruce versus Boscum appellatum Laramada , ipso Bosco infra Baleucam Burdegalæ remanente , & sicut de Bosco , hujusmodi caminus sive
via vadit versus Artigas ad Peyrerinum qui est in extremitate ejusdem
camini sive via in loco vocato à Laboubeyra , & de dicto Perorio versùs
Fontem Demons , & de dicto Fonte usque ad Ulmos de Sancta Gemma , &
deinde usque ad Pererios de la Pailha de Podio quod est super Artigas &
deinde usque ad Fontem de Margarida, & deinde usque ad Pontem deu Cay-
ron , & deinde de usque ad podium deu Merleys , & de ipso podio deu
Merleys usque ad Audiard torta , & de Audiard torta , usque à la Fourcade de Guillem , & deinde usque à la Fourcade de Viralonga prout via extenditur usque ad magnam viam quæ est inter Paludem & Costam , & prout
magna via & Palus Durant usque ad Esterium de Trena , & à dicto Esterio
usque ad Esterium de Correjano , & prout totum mare dictum Gironda est
infra dictos terminos seu motas excepto hoc quod hæredes quondam Nobilis
Aleciæ de Blagna Domina de Ornone infra dictam Baleucam seu ejus terminos tenebant & possidebant , superque dictus Avus noster dictis hæredibus
nec præfectis Majori , Juratis præjudicare intendebat , sed jus quod habere
debeant illæsum voluit remanere , nihilominusque voluerit & concesserit ,
quod possessio dictæ Baleucæ & Justitiatus ipsius ex integro restitueretur &
liberaretur eisdem Majori , Juratis & Communitati , possidendo per ipsos
seu eorum deputandos in perpetuum, excepto hoc quod hæredes dictæ Aelciæ
Domina de Ornone tenent & possident prout in litteris & confirmatione præ-
dictis continetur plenius : Vobis & cuilibet vestrum districtùsque possumus
præcipimus & mandamus quod ipsos Majorem , Juratos & Communi-
tatem ac Deputandos ab eisdem in possessione Baleucæ prædictæ cum alto &
& basso Justitiatu , ac mero & mixto Imperio , & pertinentiis suis
quibuscumque excepto quod hæredes præfata Alecia sic tenent & possident ,
pareatis , manum teneatis & deffendatis seu poni manu teneri , & deffendi
faciatis , & si aliquam partem dictæ Baleucæ prædictæ , seu Justitiatus
ejusdem per nos vel Officiarios nostros seu alios à nobis Deputatos detentam
vel occuptatam eandem partem una cum residuo dictæ Baleucæ præfatis Ma-*

jori, Juratis, & Communitati ac Deputandis ab eifdem in perpetuum pof-
fidendi fine dilatione aliqua reftituatis & liberetis, feu reftitui, & li-
berari faciatis juxta tenorem Litterarum & confirmationis prædictarum,
remoto ab inde quocumque illicito detemptore, falvo tamen nobis fupe-
rioritatis refforto : Damus autem univerfis tam nobilibus quam ignobilibus
infra dictam Baleucam, feu terminos & metas Juftitiatus ejufdem, conf-
tituatis qui nunc funt vel qui pro tempore erunt, in mandatis quod eifdem
Majori, Juratis & Communitati feu deputandis ab eifdem, pareant efficа-
citer, & intendant prout decet. Datum in Pallatio noftro VVeftmonftier
undecima die Februarii, anno Regni noftri fecundo.

Collationné par moi Confeiller-Clerc & Secretaire ordinaire de
la Ville & Cité de Bordeaux, extrait & vidimé d'un Livre
en parchemin qui eft dans le Tréfor & Archives de l'Hôtel
commun de ladite Ville, appellé le Livre des Boüillons, au
quatre - vingt - feptiéme feüillet, fans y avoir ajoûté ni
diminué. Signé, DUBOSCQ.

LETTRES PATENTES DU ROY
*Charles VII. contenant les Articles & Traité ac-
cordez entre les Commiffaires de Sa Majefté, & les
Députez de la Ville de Bordeaux, Païs Bordelois,
& autres Païs de Guyenne, lors de la réduction de
la Guyenne à la Couronne de France, aprés que les
Bordelois en eurent chaffé les Anglois, pour fe mettre fous l'obéïffance du Roy de France.*

CHARLES par la grace de Dieu, Roy de France: Sçavoir
faifons à tous prefens & à venir : Comme aprés la prife & re-
couvrance faite par nôtre Chevalier & feal le Comte de Dunois nôtre
Lieutenant General fur le fait de la guerre, & autres nos Chefs &
Capitaines de guerre, étans en fa compagnie, de plufieurs Villes,
Châteaux & Places qu'occupoient en nos Païs de Guyenne nos anciens
ennemis & adverfaires les Anglois : Plufieurs grandes fommations
ayent été faites de par Nous aux Gens des trois Etats du Païs de Guyenne & Bordelois, & aux Bourgeois & Habitans de nôtre Ville de
Bordeaux, d'eux mettre & reduire en nôtre obéïffance, & Nous
rendre & mettre en nos mains nôtredite Ville de Bordeaux, & toutes

les autres Villes & Forteresses des Païs dessusdits, étans en l'obéïssance de nosdits ennemis les Anglois, lesquelles sommations ainsi faites, ont été faits certains Traitez & Appointemens touchant icelle reduction en nôtre obéïssance entre nos amez & feals Conseillers Ponton, Seigneur de Saintrailles, nôtre premier Ecuyer de Corps, & Maître de nôtre Ecurie & Bailly de Berry; Maître Jean Bureau Trésorier de France, & Augier de Breguit, Juge de Marcene à ce commis par nôtre Cousin de Dunois, & Lieutenant General, pour & au nom de Nous d'une part: Et les gens desdits trois Etats desdites Villes & Cité de Bordeaux, & Païs de Bordelois, és noms d'eux & des autres Païs de la Duché de Guyenne, étans en ladite obéïssance des Anglois, d'autre; Duquel Traité & Appointement la teneur s'ensuit; TRAITE' ET APPOINTEMENT fait entre Ponton de Saintrailles, Bailly de Berry, Ecuyer de l'Ecurie du Roy de France Charles; Jean Bureau Conseiller dudit Seigneur & Trésorier de France, & Augier de Breguit, Juge de Marcene, à ce commis par Monseigneur le Comte de Dunois & de Longueville, Lieutenant General du Roy de France Charles, sur le fait de sa guerre, pour & au nom du Roy Charles d'une part: Et les gens des trois Etats de la Ville & Cité de Bordeaux, & Païs de Bordelois, és noms d'eux & des autres Païs de la Duché de Guyenne, qui de present sont dans l'obéïssance des Anglois, d'autre part, pour la reduction de ladite Ville & Cité de Bordeaux & Païs dessusdits, étans en l'obéïssance desdits Anglois, & pour icelle Cité de Bordeaux & Païs dessusdits mettre & tenir en l'obéïssance du Roy Charles en la forme & maniere qui s'ensuit.

Primò. Pour ce qu'aprés plusieurs grandes sommations faites de la part du Roy de France aux Gens des trois Etats des Païs de Guyenne & Bordelois, & aux Bourgeois & Habitans de ladite Ville de Bordeaux, & toutes les autres Villes & Forteresses du Païs, étans en l'obéïssance des Anglois, veu qu'il ne leur étoit possible de plus endurer & soûtenir les faix & charges de la puissance du Roy de France, qui déja avoit conquêté tout le Païs de la Riviere de Dordoigne, voyant par lesdits trois Etats clairement la totale destruction du Païs, si remede n'y étoit mis: iceux Gens desdits trois Etats ont fait requerir à Monseigneur le Comte de Dunois Lieutenant General du Roy de France, que par traité il leur voulusse donner terme & respit suffisant & convenable pour envoyer pardevers le Roy d'Angleterre lui signifier les choses dessusdites, & avoir réponse de lui, & prendre jour de bataille qui seroit le plus fort sur le champ: A icelui jour, & autres plusieurs grandes requêtes par eux faites & débatuës par plusieurs journées, a été traité & accordé ce qui s'enfuit.

Premierement. Que ceux de la part du Roy de France pour équiver la totale deftruction du Païs, font contens de donner terme & délai à ceux defdits trois Etats pour attendre l'Armée du Roy d'Angleterre qu'ils efperent venir de brief, & attendent de jour en jour jufques au 23. jour de ce prefent mois de Juin.

Item. Et au cas que dedans ledit 23. jour ceux de la part du Roy d'Angleterre ne viendront fecourir ceux dudit Païs de Bordelois & de Guyenne, en telle maniere que par puiffance d'armes ils puffent débouter les Gens du Roy de France du camp où ils feront devant la place de Fronfac, & en icelui demeurer les plus forts : en ce cas, & tantôt icelui jour paffé, les Gens defdits trois Etats promettront & jureront dés-à-prefent par leurs foi & fermens, & fur la vraye Croix bailler & délivrer au Roy nôtre Sire & en fa Perfonne, fi poffible lui eft bonnement d'être au jour, ainfi qu'on a efperance qu'il fera : Et au cas qu'à icelui jour le Roy ne pourroit être en Perfonne, comme accordé a été ; en ce cas ceux defdits trois Etats bailleront à Monfeigneur le Comte de Dunois Lieutenant du Roy, & autres fes Confeillers & Officiers en fa Compagnie, la poffeffion de ladite Ville de Bordeaux, ainfi que le Roy mandera par fes Lettres Patentes, dedans lefquelles feront ces Articles incorporez, & les promettra le Roy entretenir de point en point par icelles Lettres, & aprés confequemment de toutes les autres Villes, Châteaux & Forterenes defdits Païs.

Item. Et pour feureté de faire & accomplir les chofes fufdites par lefdits trois Etats de Bordelois & Païs de Guyenne, a été accordé que ceux defdits trois Etats bailleront réellement & de fait dedans demain qui fera Dimanche pour tout le jour, és mains de mondit Seigneur le Comte de Dunois, les Villes & Places de Vayres, Rions, Saint Macaire, & Blaignac, & és mains de Maître Jean Bureau Tréforier de France, la place de Caftillon lez Perigord.

Item. Et s'il avenoit que dedans ledit 23. jour de ce prefent mois de Juin l'Armée d'Angleterre vint pour ledit fecours dudit Païs de Guyenne ; en ce cas ceux d'icelui Païs de Bordelois & de Guyenne les pourront fecourir & ayder en tout ce qu'ils pourront pendant ledit temps.

Item. Et au cas que dedans ledit 23. jour de ce prefent mois de Juin lefdits Anglois & ceux dudit Païs de Bordelois pourroient par puiffance d'armes débouter les Gens du Roy hors de leur Camp où ils feront devant Fronfac, & de demeurer en icelui les plus forts ; en ce cas, & tantôt icelui avenu, ledit Monfieur le Comte, & ledit Maître

Jean Bureau délivreront lesdites cinq Places : c'est à sçavoir , à Monseigneur le Captau les Places de Vayres , Blaignac & Castillon , & lesdites Places de Rions & de Saint Macaire aux Habitans de ladite Ville de Bordeaux ; & aussi rendront les scellez que les dessusdits ont pour ceci baillé audit Monseigneur le Comte.

Item. Et s'il avenoit qu'aucunes Villes , Citez , Châteaux & Forteresses étans audit Païs ne se voulussent mettre & reduire en l'obéïssance du Roy comme ceux de Bordeaux , eux sur ce dûément sommez & requis , en ce cas le Roy les contraindra par puissance d'armes à l'aide de ses Sujets.

Item. Et feront tous les Habitans desdites Villes , Citez , Châteaux, & Forteresses , incontinent la possession d'icelles euë & prise , le serment au Roy ou à ses Commis , pour lui être dorénavant bons , vrais & loyaux Sujets & obéïssans au Roy de France , & de tenir son parti envers & contre tous , à toûjours , & perpetuellement.

Item. Et fera le Roy à l'entrée de ladite Ville de Bordeaux au jour dessusdits , s'il y est present , ou mondit Seigneur le Comte de Dunois pour lui , si le Roy n'y peut être , le serment sur le Livre & sur la Croix , ainsi qu'il est accoûtumé , de tenir & maintenir les Habitans d'icelle Ville & du Païs , & chacun d'eux presens & absens qui demeureront ou demeurer voudront en son obéïssance , en leurs Franchises , Privileges , Libertez , Statuts, Loix , Coûtumes, Etablissemens, Stiles , Observations & Usances du Païs de Bordeaux en Bordelois, de Bazadois en Bazadois , & d'Agenois en Agenois , & leur fera le Roy bon Prince & droiturier Seigneur , & les gardera de tort & de force de soi-même , & tous autres en son loyal pouvoir, & leur fera ou fera faire droit , raison & accomplissement de Justice , & des choses dessusdites de chacune d'icelles , le Roy leur donnera & envoyera ses Lettres Patentes scellées de son grand Scel en la meilleure forme que faire se pourra , & devra franchement , acquittement de tout ce qui appartient au Roy.

Item. Et s'il avient que le Roy ne puisse être au jour de ladite entrée , mondit Seigneur de Dunois Lieutenant du Roy , promettra & jurera faire ratifier par le Roy toutes les choses dessusdites , & de les lui faire jurer & promettre , ainsi que dessus est dit.

Item. Et s'il y en a aucuns qui ne veuillent demeurer , ne faire le serment au Roy de France , aller s'en pourront quand bon leur semblera , & où il leur plaira , & pourront emporter toutes leurs marchandises , or , argent , & biens meubles , nefs , vaisseaux , & autres choses quelconques , & auront pour ce faire bon sauf conduit & terme

de

de vuidange jusques à demi an, à compter de la date de ces Presentes, pourveu que quand ils seront audit parti du Roy, ils feront le serment de ne faire ou pourchasser en icelui parti aucun mal ou dommage tant qu'ils y seront : & s'ils ont aucuns heritages audit Païs, iceux demeureront à leurs plus prochains heritiers étans ésdits Païs, & qui voudront faire le serment, & demeurer en icelui.

Item. Et s'il y en aucuns ésdits Païs de Guyenne qui ne soient déliberez de faire le serment, & qui veüillent aller en aucuns lieux en ce Royaume ou dehors, querir ou pourchasser aucuns de leurs biens ou dettes, faire le pourront, & y seront reçûs, & auront tous leurs biens & heritages, ainsi que les autres dessus nommez dedans un an.

Item. Et s'il y en a aucuns qui pendant ledit temps de demi an s'en veulent aller hors de l'obéïssance du Roy, & laisser aucuns de leurs biens en garde en ladite Ville de Bordeaux, ou ailleurs audit Païs de Guyenne, faire le pourront, & leur demeureront seurs pendant ledit temps, & ainsi les pourront envoyer querir pendant icelui temps, si bon leur semble, & les faire emporter où bon leur semblera, & s'il leur est dû aucune chose dedans ladite Ville de Bordeaux, ou ailleurs audit Païs de Guyenne, ils les pourront poursuivre & demander, & leur en sera fait raison & justice.

Item. Et s'il y en a aucuns qui veüillent avoir sauf-conduit pour eux, en allant avec leurs biens meubles quelconques, Chevaux, Vaisseaux & autres choses, ils auront bon sauf-conduit pour ce faire, & ne leur coûtera chacun sauf-conduit qu'un écu d'or.

Item. A été appointé & accordé qu'en mettant par eux lesdits trois Etats lesdites Villes, Citez, Châteaux & Forteresses des Païs de Bordelois, de Guyenne & de Gascogne ; & en faisant le serment, ainsi que dit est, de ceux par les habitans demeurans en iceux lieux, tous iceux habitans auront abolition generale du Roy de tous cas & crimes civils & criminels & de toutes peines encourües, & leur en sera le Roy bailler ses Lettres Patentes scellées de son grand Scel en general ou en particulier, ainsi qu'avoir les voudront quittement, franchement de ce qui appartiendra au Roy.

Item. Et demeureront tous Nobles, non Nobles & habitans desd. Villes & Païs qui demeurer voudront en iceux, & auront fait leur serment en leur possession droitement, & en leurs Châteaux, Forteresses, Villes, Seigneuries & autres heritages, où qu'ils soient situez & assis, & aussi en leurs biens meubles, marchandises & autres quelconques, sans ce qu'on leur en fasse aucun tort ou violence, ne qu'on leur donne en iceux aucun destourbier ou empêchement.

B

Item. Et pareillement demeureront les Gens d'Eglife étant du Païs en tous leurs Benefices, dignitez, & leurs meubles & immeubles, & en leurs Offices d'Eglife, jurifdiction & poffeffions fpirituelles, temporelles, Seigneuries, Villes, Châteaux, Fortereffes, revenus, cens, domaines, & biens à eux appartenans; & en iceux feront maintenus & gardez, & auffi en leurs franchifes, libertez & privileges quelconques, & de ce auront bonnes Lettres du Roy, fcellées de fon grand Scel, telles que à ce cas appartient quittement & franchement de ce qui appartient au Roy.

Item. Et fi les Rois d'Angleterre & Ducs de Guyenne ont donné par ci-devant à aucuns des habitans demeurans efdits Païs aucunes Terres, Seigneuries, Châteaux, Fortereffes & autres quelconques, feront & demeureront à ceux à qui ils auront été donnez, fauf & refervé la Terre & Seigneurie de Curton que le Roy a donné.

Item. Et ne feront contraints dorefnavant les habitans defdits Païs de payer aucunes Tailles, Impofitions, Gabelles, Foüages, Cartages, Equivalent, ne autres fubfides quelconques; & ne feront tenus de payer dorefnavant que les droits anciens dûs & accoûtumez en ladite Ville de Bordeaux & Païs deffufdit.

Item. A été accordé que tous Marchands qui apporteront dorefnavant marchandifes ou vivres quelconques en ladite Ville de Bordeaux & Païs Bordelois, ils pourront feurement venir par eau douce ou par terre, en payant feulement les droits & devoirs anciens dûs & accoûtumez d'ancienneté, tant au Roy, comme aux autres Seigneurs, ce qui leur pourroit appartenir felon la teneur de leurs privileges, libertez & franchifes.

Item. Et fera le Roy content qu'en ladite Cité de Bordeaux y ait Juftice Souveraine pour connoître, difcuter & determiner diffinitivement de toutes les caufes d'appel qui fe feront en icelui Païs, fans pour iceux apeaux par fimple querelle ou autrement être traité hors ladite Cité.

Item. Outre a été accordé que dorefnavant le Roy ni fes Succeffeurs Rois ne pourront tirer hors des Païs deffufdits pour faire guerre, les Nobles, Gens de guerre ni autres dudit Païs, fans leur vouloir & confentement, fi-non toutefois que le Roy les paye de leurs gages & foldes.

Item. Et par ce prefent Traité a été accordé, que mondit Seigneur le Comte de Dunois fera rendre & délivrer à ceux de la Ville de Bordeaux francs & quittes, les Maire de ladite Ville, & le Souf-maire, & Jean de Rouftand, & Bertrand d'Ages.

Item. Et fera le Roy de France battre monoye en ladite Ville de Bordeaux par l'avis & deliberation de ses Officiers & Gens desdits trois Etats dudit Païs de Guyenne , en ce connoissans , appellé avec eux les Generals Maîtres des monoyes, & permettra le Roy par ses Lettres Patentes que les monoyes qui à present ont cours audit Païs y puissent encore avoir cours un an ou deux , si bon leur semble, & donnera le Roy en faisant icelle monoye la plûpart de son droit de Seigneuriage , afin d'amender icelle monoye au profit du Peuple dudit Païs.

Item. Et si le Roy laisse aucuns Gens de guerre en ladite Vile de Bordeaux & audit Païs de Guyenne, pour la garde & seureté d'iceux, ils les payera de leurs gages, & les fera gouverner bien & doucement, & payer ce qu'ils prendront , & ceux qui seront en lad. Ville de Bordeaux seront logez és hostelleries & autres lieux moins grevables & dommageables pour les Marchands & Habitans de ladite Ville.

Item. A été appointé que les Officiers que le Roy commettra au Païs , promettront au Roy ou à ses Commis, & jureront de faire bonne justice sans faveur au grand comme au petit, & qu'ils garderont les privileges , coûtumes & loix de ladite Ville de Bordeaux , & du Païs de Bordelois , & les maintiendront en leurs honneurs & preéminences , & joüiront ceux d'icelle Ville de Bordeaux & autres quelconques du Païs de Bordelois de leurs jurisdictions , ainsi que d'ancienneté ils ont accoûtumé.

Item. Et défendra ou fera défendre par son Procureur en la Ville de Bordeaux , qu'il ne vexe ou travaille aucuns des habitans de ladite Ville ni du Païs sans requête de partie , ou qu'il n'y ait dûë information precedente.

Lesquels Traitez accordez , Appointemens, promesses & convenances : Nous Pierre par la miseration divine, Archevêque de Bordeaux, Bertrand Seigneur de Montferan , Gaillard de Durfort Seigneur de Duras, Godifer Chartoise, Maire & comme Maire de Bordeaux, Jean de Lalande Seigneur de Breda ; Bertrand Angevin Seigneur de Rauzan & de Pajoux , Guillaume Audion Seigneur de Lanfac, promettons par la foi & serment de nos corps , & sur nos honneurs , tenir & accomplir de point en point selon leur forme & teneur, sans icelles aucunement enfraindre ; en témoin de ce Nous avons signé ces Presentes de nos seings manuels, & scellez de nos armes, le Samedi douziéme jour de ce present mois de Juin 1451. Ainsi signé, *P. Archiepiscopus Burdigalensis,* de Montferan , Gaillard , Jean de Lalande , Breda , G. de Lanfac, *P. de Boscouato.*

Lequel Traité & Appointement nosdits Conseillers ayant promis

& juré faire par Nous ratifier & confirmer , & pour ce ayant fait supplier requerir ainsi le vouloir faire ; pour ce est-il , que Nous les choses
considerées , & que mieux est recouvrer & reduire en nôtre obéïssance nôtre Païs de Guyenne par traité amiable , que y proceder par
voye de fait & de guerre : Voulans aussi obvier à l'effusion de sang hu-
main , & à la destruction & perdition dudit Païs & de nos Sujets d'icelui , ledit Traité & Appointement , & tous les points & articles contenus en icelui , avons eu & avons agréable , & l'avons ratifié , approuvé & confirmé , ratifions , confirmons & approuvons de grace
speciale , pleine puissance & autorité Royale : Voulons & octroyons
à nosdits Gens desdits trois Etats de nôtredite Ville de Bordeaux , du
Païs Bordelois & de Guyenne , tant Gens d'Eglise , Nobles que autres
quelconques , & à chacun d'eux qui joüissent & usent pleinement &
paisiblement du contenu aud. Traité & Appointement , promettans en
bonne foi , & en parole de Roy tenir & faire entretenir ledit Traité
& Appointement , & de ne faire ni souffrir être fait aucune chose à
leur contraire.

SI DONNONS EN MANDEMENT par cesdites Presentes à nos
amez & feaux Conseillers les Gens tenant , & qui tiendront nos Parlemens & Cours Souveraines , aux Sénéchaux de Guyenne , d'Agenois,
de Bazadois , & des Lannes , & à tous nos autres Justiciers , ou à leurs
Lieutenans presens & à venir , & à chacun d'eux , si comme à lui appartiendra que lesdits Gens d'Eglise , Nobles & autres desdits trois
Etats , fassent , souffrent & laissent joüir & user pleinement & à plein
de nos presentes ratifications , confirmations & octroi , sans leur faire
ni souffrir être faite aucune chose au contraire , ores ne pour le tems
à venir , en quelque maniere que ce soit , ainçois si faite leur étoit aucunement , ils leurs reparent & remettent , ou fassent reparer & remettre sans délai au premier état & dû. Et afin que ce soit chose ferme &
stable à toûjours Nous avons fait mettre nôtre Scel à ces Presentes,
sauf en autres choses nôtre droit , & l'autrui en toutes. Donné à
le 20. jour de Juin , l'an de grace 1451. & de nôtre regne le vingt-
neuviéme. Ainsi signé, par le Roy en son Conseil , auquel tous les Evê-
ques de   & de Alech , le Sieur de la Tour , l'Amiral , les
Sieurs de Saintrailles , Berqui , Maître Jean Bureau. Et scellé du
grand Sceau de cire jaune.

LETTRES PATENTES DU ROY
Henry II. contenant les Privileges de la Ville de Bordeaux.

HENRY par la grace de Dieu, Roy de France : A tous prefens à venir, Salut. Comme aprés avoir été avertis des feditions, troubles & rebellions furvenuës en nôtre Païs de Guyenne qui tant fe dilaterent & continuerent, qu'enfin parvindrent jufques en nôtre Ville de Bordeaux principale de nôtredit Païs, où furent faits plufieurs grands excés, outrages & homicides, tant en la perfonne de feu Seigneur de Monnais en fon vivant nôtre Lieutenant au Gouvernement dudit Païs de Guyenne en l'abfence & fous l'autorité de nôtre trés-cher & trés-amé Oncle le Roy de Navarre, qu'autres nos Officiers : Nous euffions pour reprimer & punir telles feditions & rebellions envoyé par delà nos trés chers & trés-amez Coufins les Sire de Montmorency Connêtable, & Duc d'Aumale Pair de France, avec une bonne & groffe force, & un nombre de Grands & Notables Perfonnages Gens de Juftice par Nous commis pour connoître & juger des fautes commifes par les mutins. Lefquels Commiffaires en procedant au fait de leurdite commiffion auroient donné plufieurs Jugemens, tant contre quelques Particuliers de ladite Ville de Bordeaux, que contre les Corps des Habitans d'icelle, partie defquels Jugemens ont été executez. Et lefdits Commiffaires par leurfdites Sentences entre autres chofes ont privé les Habitans de ladite Ville de Bordeaux de tout droit de Corps & de College de Ville, enfemble de tous leurs Privileges & de biens, revenu & Domaine qu'ils avoient, lefquels ils declarent à Nous acquis & confifquez : Et pour ce que lefd. Habitans déplaifans defdites fautes font recourus à nôtre grace, Nous voulans faire ceffer les punitions qui par la rigueur de juftice fe devoient faire, leur avons par autres nos Lettres donné abolition & pardon de toutes les offenfes deffufdites, & en outre reftitué le droit de Corps & College de ladite Ville pour en joüir par eux & leurs fucceffeurs à tels titres, & nombre de perfonnes, & fous telle forme de Police, & à tels Privileges, Droits, Revenu & Domaine qui leur feroient par Nous baillez & délaiffez par nos Lettres Patentes : Et à cette caufe ils fe foient retirez pardevers Nous, & Nous ayent fait trés-humblement fupplier qu'il Nous plût en leur continuant la grace dont il Nous a plû ufer envers eux, leur pourvoir de telle forme de

Police , Droits, Revenu, Domaine & Privileges qu'ils souloient avoir, ou bien leur faire entendre & declarer la forme & façon de Police que Nous voulons qu'ils tiennent en ladite Ville , & par quels Officiers elle soit regie , ensemble quels Privileges & Revenu il Nous plaît leur laisser pour satisfaire aux charges d'icelle , & sur ce octroyer nos Lettres Patentes pour ce necessaires.

Sçavoir faisons que Nous inclinans à la trés - humble supplication desdits Habitans , lesquels Nous voulons bien & favorablement traiter , & leur donner moyen de bien policer & administrer ladite Ville : A iceux Habitans pour ces causes & autres bonnes & grandes considerations , à ce Nous mouvans , avons de nôtre grace speciale , pleine puissance & autorité Royale , & par l'avis de plusieurs Princes de nôtre Sang, & Gens de nôtre Conseil privé , remis, donné, cedé, quitté, transporté & délaissé ; remettons, donnons, cedons, quittons, transportons & délaissons par ces Presentes tous & chacuns les Droits, Rentes, Profits, Revenu & Domaine , leurs appartenances & dépendances à Nous adjugez, & confisquez par Sentence desdits Commissaires, & dont ils souloient joüir auparavant ladite condamnation , sans aucune chose excepter ne reserver fors la grande & petite Coûtume , lesquelles Nous sommes reservez & reservons pour les deniers qui en proviendront être convertis & employez en nos affaires, lesquels Nous voulons être levez par le Comptable & Receveur de Bordeaux present & à venir; pour lesdits Droits, Rentes, Profits, , Revenu, & Domaine, ainsi par Nous cedez , & transportez à quelque somme, valeur, & estimation que le tout soit, & se puisse monter , recevoir par lesdits Habitans , ou faire recevoir par leur Receveur , par eux commis à la recette des deniers communs de ladite Ville, sans que ledit Comptable & Receveur ordinaire dudit Bordeaux s'en puisse aucunement entremettre ; lequel Nous avons déchargé & déchargeons par ces Presentes , & en joüir & user doresnavant pleinement , paisiblement, perpetuellement & à toûjours, à commencer du jour & date de ces Presentes, par le Corps des Habitans de ladite Ville de Bordeaux , presens & à venir, pour convertir & employer aux reparations & autres choses necessaires à la Police , & administration de ladite Ville , par la même forme & maniere qu'ils en avoient auparavant lesdites condamnations düement & justement joüi voulans, statuans & ordonnans par ces Presentes, que ladite Ville soit doresnavant regie , & administrée en la forme, & par les Officiers qui s'ensuivent.

Premierement. Que les Maire & Jurats de ladite Ville de Bordeaux auront tous la Justice & Jurisdiction politique de ladite Ville de Bordeaux & Banlieuë d'icelle, dont les appellations ressortiront immediatement en nôtre Cour de Parlement de Bordeaux ; qu'au lieu du Maire qui avoit accoûtumé être perpetuel, & avoit treize cens quatre-vingts trois livres quinze sols tournois de gages par chacun an, s'en élira doresnavant de deux ans en deux ans un, qui n'aura aucuns gages que deux Robes l'an, des couleurs de ladite Ville, entendans toutefois, que le Seigneur de Jarnac Maire perpetuel d'icelle Ville de Bordeaux, & son fils pourvû dudit état à survivance de son pere, soient payez de leurs gages tant qu'ils ou l'un d'eux vivront, sans qu'ils se puissent neanmoins aucunement entremettre de la Police de ladite Ville, ni entreprendre aucune autorité.

Item. Qu'au lieu de douze Jurats, qui avoient quatre-vingts trois livres cinq sols tournois de gages par chacun an, n'y en aura plus que six, qui feront semblablement élûs & changez la moitié d'eux par chacun an, ainsi qu'il se fait des Echevins de nôtre Ville de Paris : & n'auront pour tous gages que deux Robes l'an desdites couleurs.

Un Procureur & Syndic de ladite Ville & Banlieuë, appartenance, & dépendance d'icelle, qui aura pour ses gages par chacun an cent livres tournois. Et pour le bon devoir qu'a fait ci devant audit Etat Me Guillaume Martin Avocat en nôtre Cour de Parlement dudit Bordeaux, entendons & voulons qu'il demeure pourvû dudit Etat sa vie durant, aux mêmes honneurs, prerogatives & prééminence dont il avoit accoûtumé joüir auparavant lesd. Arrêts & Condamnations. Et aprés son trépas y pourront lesdits Maire & Jurats pourvoir.

Item. Qu'il y aura un Clerc de ladite Ville, qui y servira de Greffier aux gages de cent livres tournois par chacun an.

Un Controlleur des Fermes de ladite Ville, qui aura quatre-vingts livres tournois de gages ordinaires.

Vingt-quatre Sergens, qui auront chacun sept livres quatre sols tournois de gages, revenans ensemble à la somme de cent soixante douze livres seize sols tournois.

Celui qui marquera les vins du Haut Païs, aura pour ses gages par chacun an dix-neuf livres dix sols tournois.

Deux Trompettes, qui auront chacun quinze livres tournois.

Deux Taxeurs de poisson, qui auront chacun neuf livres tournois.

Un Portier & Garde de la Maison de la Ville, qui aura trente livres tournois.

Un Maître Boulanger, qui visitera le pain, aura quarante livres tournois.

Celui qui pesera ledit pain , aura trente livres tournois.

L'Executeur de la Haute-Justice aura soixante livres tournois.

Celui qui fera entretenir la Police sur la riviere , aura six livres tournois.

Un qui rapportera le nombre & prix du bled , qui sera sur ladite riviere , aura cinquante livres tournois.

Deux Visiteurs de ladite riviere , qui auront chacun quinze livres tournois par an.

Deux Visiteurs de poisson salé, qui auront chacun six livres tournois.

Un Avocat & un Procureur pensionnaire de ladite Ville en la Cour de Parlement qui auront chacun vingt livres tournois.

Un Soliciteur de ladite Ville , qui aura vingt livres tournois.

Deux Procureurs és Comté d'Ornon , & Baronnie de Verines , qui auront chacun dix livres tournois.

Un Prêtre qui dira la Messe chacun jour de Jurade , aura quinze livres tournois.

Celui qui aura la charge de tenir nets les grils de la Devise S. Pierre , aura quatre livres tournois.

Item. Avons ordonné & ordonnons , que doresnavant les Maire & Jurats qui seront établis en ladite Ville , commettront quelques bons & fidéles personnages pour faire la dépense des beuvettes és jours de Jurade , ensemble du bois & chandelle qui s'usera au Bureau de la Maison de ladite Ville ; laquelle dépense iceux Maire & Jurats verront & controlleront par chacun mois , & au bout de l'année feront dépécher acquit sur le Receveur des deniers communs de ladite Ville de la somme totale , à quoi pourra monter ladite dépense , pour en rembourser celui ou ceux qui l'auront avancé.

Celui qui aura la charge de tenir nets les lavoirs des Fontaines , aura vingt-deux livres dix sols tournois.

Les Jacobins pour certaine fondation faite , auront vingt-quatre livres tournois.

Semblablement Nous voulons & ordonnons , que le Principal du College de ladite Ville soit payé de la somme de mille livres tournois de gages , & les Lecteurs du Droit Canon & Civil de six cens livres tournois , aussi de gages par chacun an.

Item. Avons ordonné & ordonnons , que la charge de netoyer les bourriers & immondices de ladite Ville sera baillée par chacun an au rabais , par lesdits Maire & Jurats , & la somme à quoi elle se pourra monter , payée des deniers communs de ladite Ville.

Item. Celui qui aura la charge de ranger les bourriers qui sont au

tour

tour de ladite Ville, aura soixante douze livres tournois.

Un qui fera tirer le chariot aux joüeurs & vagabonds, aura cinquante-quatre livres tournois.

Item. Celui qui visitera les caves, pour sçavoir s'il y aura vins prohibez, aura trente livres tournois.

Item. Les Barbiers Hospitaliers, Prêtres, Sergens, & autres Serviteurs de l'Hôpital de la peste, auront par chacun an la somme de cinq cens livres tournois.

Item. Les Augustins pour une Messe de Saint Sebastien, auront par chacun an la somme de trente-sept livres dix sols tournois, qui est la somme qu'ils ont accoûtumé avoir.

Un Maçon, qui aura la superintendance de conduire les œuvres de ladite Ville, aura cinquante livres tournois.

A tous lesquels états lesdits Maire & Jurats de ladite Ville pourront pourvoir, & y établir personnages qui en soient capables, ensemble aux autres Offices accoûtumez, servans à la Police d'icelle Ville. Et pour autant qu'étans leursdits deniers communs petits, ils ne pourroient satisfaire à tous les frais dessusdits, au moyen de quoi il seroit impossible que ladite Ville demeurât policée, servie & administrée ainsi que nous le desirons, sans nôtre plus grande aide & liberalité, leur avons davantage accordé & octroyé, pour les décharger d'autant de dépense, que sur les deniers de ladite grande & petite coûtume, que retenons à Nous, Nous ferons doresnavant payer & acquitter les gages dudit Sieur de Jarnac, & son fils, tant qu'ils, ou l'un d'iceux vivront, ensemble ceux du Principal du College dudit Bordeaux, & Lecteurs en Droit Canon & Civil, & ceux des Barbiers Hospitaliers, Prêtres, Sergens, & autres Serviteurs de l'Hôpital de la peste : aussi les gages de l'Executeur de la Haute-Justice montans aux sommes, & ainsi que dessus est dit.

Et en outre en augmentant la liberalité & bienfaits, dont Nous usons envers les Manans & Habitans de nôtredite Ville de Bordeaux, & pour leur faire demonstration, que Nous les voulons traiter en toute douceur, esperant qu'il Nous demeureront bons & loyaux Sujets, ausdits Manans & Habitans avons donné, accordé & octroyé, donnons, accordons & octroyons par ces Presentes les Privileges qui s'ensuivent.

C'est à sçavoir, que toute la Justice & Jurisdiction politique de nôtredite Ville de Bordeaux & Banlieuë d'icelle, demeurera ausdits Maire & Jurats, ainsi que dessus est dit.

Item. Que les Habitans d'icelle demeureront doresnavant francs, quittes, & exempts de toutes Tailles, & creuës d'icelles mifes, & à mettre fus en nôtre Royaume.

Item. Que le vin qui fe cüeillira au-deffus de la Ville de Saint Macaire, ne pourra être defcendu au-devant de ladite Ville de Bordeaux, jufques aprés le jour & Fête de Noël, & ne pourra ledit vin, pour quelque occafion que ce foit, entrer & être mis en ladite Ville.

Et femblablement n'entrera en icelle Ville aucun vin, s'il n'eft du cru de la Sénéchauffée & Diocéfe de Guyenne.

Item. Et tant qu'il y aura vin du cru de quelque Bourgeois de ladite Ville, il ne fera permis à autres perfonnes vendre vin en ladite Ville & Fauxbourgs d'icelle, que préalablement le vin des Bourgeois ne foit vendu.

Item. Il ne fera permis à quelque perfonne que ce foit vendre vin en taverne en ladite Ville depuis la Fête Saint Michel jufques au jour & Fête de Pentecôte, s'il n'eft Bourgeois de ladite Ville, & que le vin qu'il vend foit de fon cru.

Item. Pourront lefdits Bourgeois de nôtredite Ville de Bordeaux, encore qu'ils ne foient Nobles mais Roturiers, acquetir neanmoins Fiefs & Terres Nobles.

Item. Seront les deniers communs de ladite Ville privilegiez tout ainfi que les nôtres propres.

Item. Appartiendront & demeureront à ladite Ville les Paduans de ladite Ville & Banlieuë d'icelle, en Nous payant par chacun an deux nobles, ainfi qu'il étoit accoûtumé faire auparavant lefdits Arrêts & condamnations.

SI DONNONS EN MANDEMENT à nos amez & feaux les Gens tenans nôtre Grand Confeil, nôtre Cour de Parlement de Bordeaux, & de nos Comptes à Paris, Tréforiers de France, Generaux de nos Finances, & fur le fait de la Juftice de nos Aydes audit Paris, Sénéchal de Guyenne ou fon Lieutenant, & à tous nos autres Jufticiers & Officiers, & à chacun d'eux en droit foi, & fi comme à lui appartiendra, que cefdites Prefentes ils faffent lire, publier & enregiftrer, entretenir, garder & obferver de point en point, inviolablement & fans enfreindre; & du contenu en icelles, les Habitans de nôtredite Ville de Bordeaux joüir & ufer pleinement, paifiblement & à toûjours, en leur faifant bailler & délivrer l'entiere poffeffion & joüiffance des biens, profits, revenu & Domaine fufdit, en contraignant à ce faire, fouffrir tous ceux qu'il appartiendra & qui pour ce feront à contraindre par toutes voyes & manieres dûës & accoûtumées en tel cas. Et par ce rapportant cefdites Prefentes fignées de nôtre main ou vidimus d'icelles fait sous le Scel Royal, avec quittance ou reconnoissance desdits Habitans ou de leur Procureur sur ce suffisante, Nous voulons ledit Comptable & Receveur ordinaire de Bordeaux en être tenu quitte & déchargé en ses comptes par les Gens de nosd. Comptes, leur mandans de rechef ainsi le faire sans difficulté : Car tel est nôtre plaisir, nonobstant lesdits Arrêts & condamnations donnez par les Commissaires susdits contre le Corps & College de ladite Ville, que la valeur des choses dessusdites ne soit ci autrement specifiée ne declarée, que tels dons ne dûssent être faits, passez, verifiez ne alloüez que pour la moitié ou le tiers, les reünions & revocations, tant generales que particulieres par nos Predecesseurs & Nous faites des choses de nôtre Domaine ; ausquelles en tant que besoin seroit & qu'on voudroit prétendre lesdits fruits, droits, Domaines & choses dessusdites être nôtredit Domaine, Nous avons de nôtre grace & autorité que dessus, ensemble aux Ordonnances, tant anciennes que modernes faites sur le fait de nos Finances, port & distribution d'icelles en nos coffres du Louvre, & à quelconques autres Ordonnances, restrictions, mandemens ou défenses à ce contraires, & aux dérogatoires des dérogatoires contenuës ésdites Ordonnances, & dérogé & dérogeons par cesd. Presentes : Et pource que d'icelles l'on pourra avoir affaire en plusieurs & divers lieux, Nous voulons qu'au vidimus d'icelles fait sous le Scel Royal ou collation par l'un de nos amez & feaux Notaires & Secretaires, foi soit ajoûtée comme à ce present Original ; auquel afin que ce soit chose ferme & stable à toûjours Nous avons fait mettre nôtre Scel, sauf en autres choses nôtre droit & l'autrui en toutes. Donné à Saint Germain en Laye au mois d'Août, l'an de grace mil cinq cens cinquante, & de nôtre regne le quatriéme. Ainsi signé, HENRY; Visa. Et plus bas, Par le Roy, DE LAUBESPINE, Contentor le Clerc. Et scellé du grand Scel de cire verte & lacs de soye verte & rouge, & contrescellé.

Lû, publié & enregistré és Registres du Grand Conseil du Roy : Oüi sur ce le Procureur General en icelle ce requerant, sans préjudice toutefois de l'Arrêt donné audit Conseil, entre le Sindic des Jurats, Manans & Habitans de la Ville de la Reolle & les Sousmaire & Jurats de la Ville & Cité de Bordeaux. Et aussi sans préjudice de l'opposition formée par Piras & Gaucher, Avocat & Procureur desdits de la Reolle, de laquelle opposition ils auront Acte, reservé au Corps & College des Habitans de ladite Ville de Bordeaux les défenses au contraire. Fait à Pontoise le deuxiéme jour de Septembre mil cinq cens cinquante. Ainsi signé, COTON, Greffier.

Lecta, publicata & registrata, audito Procuratore Generali Regis ad id consentiente, sub modificationibus in Registris Curiæ contentis. Burdigalæ in Camera, tempore vacationum ordinata, decima-tertia die mensis Septembris, anno Domini millesimo quingentesimo quinquagesimo.

Ainsi signé, DE PONTAC.

Lecta, similiter publicata, & registrata in Camera Computorum Domini nostri Regis, Procuratore Generali dicti Domini in eadem Camera audito & consentiente. Ad onus tamen, quod dicti Major & Jurati, aut eorum Receptores de denariis communibus dictæ Villæ ad prædictam cameram venient computaturi decima-quarta Februarii, anno supra scripto.

Ainsi signé, LE MAISTRE.

Lecta, similiter publicata, & registrata in Curia Juvaminum, audito & consentiente Procuratore Generali Regis in eadem Curia, die vigesima-septima mensis Februarii, anno Domini millesimo quingentesimo quinquagesimo.

Ainsi signé, N. LE SUEUR.

Les Tréforiers de France, veuës par Nous les Lettres Patentes du Roy nôtre Sire, en forme de Chartre, données à Saint Germain en Laye, du mois d'Août dernier passé, ausquelles ces Presentes sont attachées sous l'un de nos signets, par lesquelles & pour les causes y contenuës, ledit Seigneur a remis, donné, cedé, quitté, transporté & delaissé aux Habitans de la Ville de Bordeaux, tous & chacuns les droits, rentes, profits, revenu & domaine, leurs appartenances & dependances audit Seigneur, adjugez & & confisquez par Sentence des Commissaires députez par ledit Seigneur pour connoître & juger des fautes commises par les mutins de ladite Ville, sans aucune chose excepter ni reserver fors la grande & petite coûtume, lesquelles icelui Seigneur s'est reservées comme plus à plein lesdites Lettres le contiennent, desquelles en tant que besoin est consentons l'enterinement & accomplissement selon leur forme & teneur ; & ainsi que le Roy nôtredit Seigneur le veut & mande par icelles. Donné sous l'un de nosdits signets, le dernier jour de Fevrier, l'an mil cinq cens cinquante.

Signé, LABOIS.

Le dernier jour de Septembre l'an mil cinq cens soixante treize la Presente Chartre a été collationnée par moy Commis au Greffe, & Controlleur des francs fiefs & nouveaux acquêts, present Maître Germain Duperier Procureur du Roy, constitué en cette partie, suivant l'Ordonnance de Messieurs les Commissaires députez par Sa Majesté sur le fait desdits francs-fiefs, &

ce sur l'Original étant en parchemin. Fait sous nos seings les an & jour susd.
Ainsi signez, DUPERIER, VIVENOT.

Sentence par laquelle appert que Messieurs les Commis-saires sur les francs-fiefs ont tenu exempts de leur Commission lesdits Bourgeois de Bordeaux

ENtre Maître Jean de Ciret, Seigneur de S. Fort, Conseiller du Roy en sa Cour de Parlement de Bordeaux, Guillaume Blanc, Jacques Arresrat, Christophle Aubin, Jean Corillaud, Jacques Gosson, Jean le Sueur, Avocats & Procureurs en ladite Cour, demandeurs & requerans l'interinement de certaines Requêtes, d'une part. Et le Procureur du Roy sur le fait des francs-fiefs & nouveaux acquêts en Saintonge, défendeurs d'autre.

Veu lesdites Requêtes tendans aux fins d'être tenus quittes & déchargez de la finance pour raison des fiefs & biens nobles par eux possedez comme Bourgeois, & privileges de ladite Ville de Bordeaux, extrait des privileges donnez par le Roy à ladite Ville, conclusions du Procureur du Roy : Les Commissaires établis sur ce en Saintonge ont en interinant lesdites Requêtes, declaré & declarent lesdits demandeurs exempts, francs, quittes & immuns de payer au Roy finance pour raison desdits francs-fiefs & nouveaux acquêts ; lesquels ils ont pour ce regard renvoyé & renvoyent sans jour, & ont tollu & ôté à leur profit la saisie & tout autre empêchement mis sur lesdits fiefs, si aucuns en y a, faisant inhibitions & défenses ausdits Commissaires & autres de les troubler, & empêcher en la jouïssance d'iceux. Dit & prononcé aux Parties le vingt-quatriéme jour de May l'an 1559.
Ainsi signé, LE GENDRE.
Collationné à l'Original par moy Notaire & Secretaire du Roy.
DE LALANDE.

LETTRES PATENTES DU ROY
François II. qui rétablissent & restituent aux Maire & Jurats de Bordeaux la Justice Criminelle dans ladite Ville.

FRANÇOIS par la grace de Dieu, Roy de France : A tous presens & à venir, SALUT. Les Maire & Jurats, Citoyens, Manans

& Habitans de nôtre Ville & Cité de Bordeaux, Nous ont presenté
certaines Remontrances, Contenant qu'anciennement ils avoient toûjours toute Justice haute, moyenne & basse en ladite Ville, Fauxbourgs & Banlieuë d'icelle, dont ils auroient toûjours joüi jusques en
l'année 1548. que feu nôtre trés honoré Seigneur & Pere dernier décedé revoqua tous les Privileges, Franchises & Libertez à eux octroyées par nos Predecesseurs, les priva de l'administration de la Justice civile & criminelle, & de tous les bienfaits de nosdits Predecef-
seurs ; Et quelque temps aprés feu nôtredit Seigneur & Pere ayant
connu la faute pour laquelle il les avoit privez des choses susdites,
n'être provenuë du fait desdits Habitans, ains d'un desastre, veu la
bonne, grande & parfaite affection qu'ils portoient au Service de nôtredit feu Seigneur & Pere, & à la Couronne de France, les restitua,
& de nouveau donna lesdits Privileges, Franchises & Libertez, & la
Justice politique, & créa un Prevôt & autres Officiers pour connoître
& décider en premiere instance de toutes causes & matieres civiles &
criminelles de ladite Ville, Fauxbourgs & Banlieuë, ce qui avoit été
toûjours fait jusques à present, que lesdits Maire & Jurats, Citoyens,
Manans & Habitans Nous ont fait trés-humblement remontrer & requerir leur vouloir remettre ladite Justice civile & criminelle, afin
qu'ils soient mieux obéïs quand ils commanderont pour nôtre Service,
& qu'ils puissent tenir ladite Ville en plus grand repos & tranquillité ;
Sçavoir faisons, que Nous ayant mis cette matiere en déliberation
avec les Princes & Seigneurs de nôtre Conseil, & eu sur ce leur avis,
avons revoqué, & de nôtre certaine science, pleine puissance & autorité Royale, revoquons l'établissement de ladite Prevôté, & les Officiers d'icelle, tant Prevôt, Lieutenant & Greffier qu'autres, éteints,
supprimez & abolis, éteignons, supprimons & abolissons, & remis,
restitué & rétabli, remettons, rétablissons & restituons par ces Presentes ausdits Maire & Jurats, Citoyens, Manans & Habitans de
ladite Ville la Justice criminelle dans ladite Ville, Fauxbourgs & Banlieuë d'icelle, & autres Lieux où ils l'avoient audit temps 1548. pour
l'exercer & administrer par lesdits Maire & Jurats, & un Assesseur de
Rôbe longue qu'ils pourront commettre par chacun an, & le continuer s'ils voyent que faire se doive, ayant par même moyen commis
& attribué, commettons & attribuons la civile au Sénéchal de
Guyenne, pour en connoître, juger & décider en premiere instance, &
en dernier ressort des Causes dont les Juges Presidiaux peuvent connoître en premiere instance, ressortissant par appel en nôtre Cour de Parlement de Bordeaux, lesquels Sénéchal, ses Lieutenant, Greffier &

autres Officiers ne pourront prendre autres droits, ni plus grands profits & émolumens que ceux que lesdits Maire & Jurats & autres Officiers avoient accoûtumé prendre quand ils tenoient & exerçoient la Justice civile & criminelle, en remboursant par eux, ainsi que par Nous sera ordonné, les Prevôt, Lieutenant & Greffier, & autres Officiers de ladite Prevôté, de la finance qu'ils montreront avoir payé pour la composition de leurs Offices. SI DONNONS EN MANDEMENT par ces mêmes Presentes à nos amez & feaux les Gens de nôtre Cour de Parlement de Bordeaux, Gens de nos Comptes à Paris, Trésoriers de France, & Generaux de nos Finances en Guyenne, & à tous nos autres Officiers & Justiciers, & à chacun d'eux si comme à lui appartiendra, que le contenu en ces Presentes ils gardent, observent, & entretiennent, fassent garder, observer & entretenir, lire, publier & enregistrer : Et lesdits Maire & Jurats, Citoyens, Manans & Habitans, joüir & user pleinement & paisiblement, cessent, & fassent cesser tous troubles & empêchemens à ce contraires : CAR tel est nôtre plaisir, nonobstant quelconques Ordonnances, Restrictions, Mandemens ou défenses à ce contraires : Et afin que ce soit chose ferme & stable à toûjours, Nous avons fait mettre nôtre Scel à cesdites Presentes, sauf en autres choses nôtredit droit, & l'intremi en toutes. DONNE' à Orleans au mois de Novembre l'an de grace mil cinq cens soixante, & de nôtre Regne le deuxiéme. Signées par le Roy, ROBERTET. Au pied desquelles est le *Publicata* de la Cour, en date du onziéme Janvier mil cinq cens soixante. Signé, DE CONTAS. *Collationné à l'Original par moi Notaire & Secretaire du Roy soussigné, ainsi signé, DUBERNET.*

Collationné par moi Conseiller-Clerc & Secretaire de la Ville de Bordeaux sur l'Original qui est dans les Archives d'icelle. A Bordeaux ce 14. Avril 1714. Signé, DUBOSCQ.

LETTRES PATENTES DU ROY
Charles IX. portant confirmation des Privileges de la Ville de Bordeaux.

CHARLES par la grace de Dieu, Roy de France : A tous presens & à venir, SALUT. Sçavoir faisons, que Nous voulans conserver & maintenir à nos chers & bien amez les Maire, Jurats, Citoyens, Manans & Habitans de nôtre Ville de Bordeaux les graces, faveurs & liberalitez à eux octroyées par nos Predecesseurs leur avons continué & confirmé, & de nôtre certaine science, pleine puissance & autorité Royale, continuons & confirmons les privileges, franchises, libertez, exemptions à eux octroyées par nosdits Predecesseurs, & tout le contenu és Lettres Patentes & closes de feu nôtre trés-honoré Seigneur & Pere le Roy Henry, ci-attachées sous le Contrescel de nôtre Chancellerie, dont ils n'auroient pû obtenir Lettres de confirmation de feu nôtre trés-honoré Seigneur & Frere le Roy dernier decedé, au moyen de son décés n'a gueres intervenu, & du peu de temps qu'il a vêcu aprés son avenement à la Couronne, pour desdits privileges, franchises, libertez, exemptions, & de tout le contenu ésdites Lettres & és articles extraits des Statuts de ladite Ville ci-pareillement attachez, que Nous approuvons, homologons & autorisons, joüir & user par eux & leurs successeurs doresnavant, tant & si avant, & par la forme & maniere qu'ils en ont ci-devant dûëment & justement joüi & usé, joüissent & usent encore de present. SI DONNONS EN MANDEMENT par cesdites Presentes à nos amez & feaux les Gens de nôtre Cour de Parlement de Bordeaux, & de nos Comptes à Paris & Gens de nôtre Cour des Aydes audit Bordeaux, Trésorier de France & General de nos Finances en Guyenne, Sénéchal de Guyenne ou son Lieutenant, & à tous autres Justiciers & Officiers, & chacun d'eux en droit soi, & si comme à lui appartiendra, que de nos presentes continuation & confirmation, & de tout le contenu ésdites Lettres Patentes & closes, & articles desdits Statuts, ils fassent, souffrent & laissent lesdits Manans & Habitans de Bordeaux & leursdits successeurs joüir & user pleinement & paisiblement & perpetuellement, sans leur faire mettre ou donner, ne souffrir être fait, mis ou donné aucun trouble ou empêchement, lequel si fait, mis ou donné leur avoit été ou étoit, l'ôtent incontinent & sans délai au premier état & dû : Car tel est nôtre plaisir, nonobstant quelconques Ordonnances, restrictions, mandemens, défenses, & Lettres à ce contraires ; Et afin que ce soit chose ferme & stable à toûjours, Nous avons fait mettre nôtre Scel à cesdites Presentes, sauf en autres choses nôtre droit & l'autrui en toutes. Donné à Orleans au mois de Decembre l'an de grace mil cinq cens soixante, & de nôtre Regne le premier. Ainsi signé, DU MESNIL : Et au repli, Par le Roy, DE LOMENIE. Et plus bas, Contentor & de Vabres. Et scellé du grand Scel dudit Sieur de cire verte à queuë pendante à lacs de soye verte & rouge, & contrescellée à simple Sceau.

Le

Le dernier jour de Septembre, l'an mil six cens soixante treize, les Lettres Patentes du Roy ci-dessus en forme de confirmation des Privileges des Manans & Habitans de la Ville de Bordeaux, ont été collationnez sur l'Original, present M. Germain Duperier Procureur du Roy constitué en cette partie, suivant l'Ordonnance de Messieurs les Commissaires députez par Sa Majesté sur le fait desdits francs-fiefs. Fait sous nos seings les an & jour susdits.

DUPERIER, VIVENOT.

LETTRES PATENTES DU ROY
Charles IX. concernant la garde des Clefs de la Ville de Bordeaux.

CHARLES par la grace de Dieu, Roy de France : A tous ceux qui ces presentes Lettres verront, SALUT. Nos chers & bien amez les Maire & Jurats de nôtre Ville de Bordeaux Nous ont fait remontrer par la Requête qu'ils Nous ont presentée en nôtre Conseil Privé, que de tout temps & ancienneté ils ont eu la garde des Clefs & Portes des Tours qui sont sur les murailles de la Ville, sans qu'autre en eût le maniement jusques en l'année 1548. qu'au moyen des troubles avenus au Païs de Guyenne à cause de la Gabelle, le feu Roy Henry nôtre trés-honoré Seigneur & Pere, fit prendre lesdites Clefs, & commit la garde d'icelles à un Capitaine du Château Trompette, qui auroit pris le nom de Capitaine de ladite Ville, & depuis son décés ont été pourvûs plusieurs autres, qui sous couleur d'avoir la garde desdites Clefs ont usurpé ce titre de Capitaine : Combien qu'auparavant il n'y eût aucun qui portât le nom de Capitaine ; ains le Maire, & en son absence le Sousmaire, ou plus ancien Jurat avoit les Clefs de ladite Ville ; & tant le Maire, Sousmaire, que Jurats avoient la garde desd. Clefs de la Ville & administration de la Police d'icelle. Les Maire & Jurats qui ont été, tant auparavant lesdits troubles que depuis, ont fait si bon devoir à la garde & conservation de cette Ville, qu'il n'est avenu aucune faute : Et à present se voyant chargez des affaires d'icelle, & qu'un seul sous ce nom nouveau a les Clefs de la Ville, qui les empêche à faire entierement leur devoir de leur charge, étant privez de la garde desdites Clefs, Nous ont trés-humblement fait supplier & requerir par leurdite Requête, que nôtre bon plaisir fût les remettre en leur premier état, & lesdites Clefs en leurs mains, & autrement leur pourvoir ; Sçavoir faisons, Que Nous ayant veu par experience

D

& à l'œil, Nous étant en ladite Ville de Bordeaux, le bon & grand devoir que lesdits Maire & Jurats, Citoyens, Manans & Habitans ont toûjours fait au bien de nôtre service, & à la garde & conservation de ladite Ville, & Nous confians de leur entiere affection & fidélité, & pour autres grandes considerations à ce Nous mouvans, avons par avis de nôtredit Conseil, ordonné & ordonnons par ces Presentes, que lesdits Maire & Jurats auront & tiendront en leurs mains les Clefs des Portes & Tours des murailles de ladite Ville. Et pour ce regard les avons remis & restituez, remettons & restituons en tel état qu'ils étoient auparavant ledit an 1548. SI DONNONS EN MANDEMENT par ces Presentes à nos amez & feaux les Gens de nôtredite Cour de Parlement de Bordeaux, que faisant joüir lesdits Maire & Jurats de nôtre presente Ordonnance, ils contraignent ou fassent contraindre celui qui à present a les Clefs des Portes & Tours des murailles de ladite Ville, les mettre promptement & sans délai és mains desd. Maire & Jurats, & ce par toutes voyes & manieres dûës & raisonnables nonobstant oppositions ou appellations quelconques, & sans préjudice d'icelles; pour lesquelles ne voulons l'execution de ces Presentes être differée ne retardée : CAR tel est nôtre plaisir, nonobstant comme dessus, & quelconques Ordonnances, restrictions, Mandemens, défenses & Lettres à ce contraires : En témoin de ce Nous avons fait mettre à cesd. Presentes nôtre Scel. Donné à Saint Maur, le onziéme jour du mois de May, l'an de grace 1566. & de nôtre Regne le sixiéme. Signé sur le repli, Par le Roy en son Conseil, DE LAUBESPINE. Scellé à double queuë de cire jaune.

CHARLES par la grace de Dieu, Roy de France : A nôtre amé & feal le Sieur de Monluc, Chevalier de nôtre Ordre, & nôtre Lieutenant General au Gouvernement de Guyenne, en l'absence de nôtre trés-cher & trés-amé frere le Prince de Navarre, Salut & dilection. Pource que nos Lettres Patentes par Nous octroyées aux Maire & Jurats de nôtre Ville de Bordeaux, le onziéme jour de May dernier passé, dont la copie dûëment collationnée à l'original est ci-attachée sous le Contrescel de nôtre Chancellerie, ne sont à vous adressantes, vous pourriez faire difficulté faire joüir lesdits Maire & Jurats du contenu en icelle, si par Nous ne leur étoit sur ce pourvû. Nous à ces causes vous mandons, commettons & enjoignons par ces Presentes, que du contenu en nosdites Lettres Patentes vous faites, laissez & souffrez joüir, & user pleinement & paisiblement lesdits Maire & Jurats, de point en point, selon leur forme & teneur, tout ainsi & par la même maniere, que fi elles étoient à vous adreſſantes : Car tel eſt nôtre plaiſir, nonobſtant quelconques Ordonnances, reſtrictions, Mande- mans, défenſes & Lettres à ce contraires. Donné à Fere en Tartenois le huitiéme jour de Septembre, l'an de grace 1566. & de nôtre Regne le ſixiéme. Signé, Par le Roy en ſon Conſeil, Robert, Et ſcellée.

COMMISSION DE MESSIEURS
les Commiſſaires ſur les francs-Fiefs & nouveaux Acquêts.

CHARLES par la grace de Dieu, Roy de France : A nos amez & feaux Conſeillers Maîtres Loüis Boyer Sieur de la Ferriere, & le Sieur de Villeneuve Preſidens en nôtre Cour de Parlement de Bordeaux, Charles de Malvin, Jean de Merignac, Joſeph de Alis, Joſeph Aymar, Pierre de Pommiers, François Gaultier, & Jean de Gaſcq Conſeillers en ladite Cour de Parlement, Salut. Comme par les anciens Droits, Statuts, & Ordonnances de tout temps ob- ſervées, ſur le fait de nôtre Domaine, ſoit entre autres choſes dé- fendu à toutes perſonnes Eccleſiaſtiques, Chapitres, Communautez, & autres Gens de main morte, de tenir & poſſeder en ce Royaume, ni en icelui acquerir, ſans nôtre conſentement & permiſſion, aucunes poſſeſſions & biens immeubles : & à eux enjoint par leſdits Statuts, à peine de confiſcation, & de vuider leurs mains dans an & jour de ceux qu'ils y pourroient y avoir acquis à quelque titre, charge, & con- dition que ce fût, ou qui leur euſſent été donnez, leguez, ou aumô- nez, ſans ladite permiſſion & conſentement de Nous, ou de nos Pre- deceſſeurs, ou avoir par Nous ou eux été dûëment amortis ; & par les mêmes Statuts & Ordonnances auſſi défendu à tous Roturiers & non Nobles de nôtre Royaume de non y tenir & poſſeder aucuns Fiefs, Rentes, ou Heritages Nobles ſans même permiſſion. Toute- fois noſdits Statuts & Ordonnances ont en cet endroit été tellement negligez, & contemnez, qu'il s'en eſt enſuivi une grande éclipſe, & diminution de nôtredit Domaine & Couronne. Avons aviſé pour plus grand ſoulagement deſdits Gens d'Egliſe, & Communautez, & de main-morte, & pareillement deſdits Roturiers, & non Nobles, reſpectivement tenus auſdits droits & devoirs, de députer certains bons & notables Perſonnages de nos Officiers, en certaines principa- les Villes de nôtredit Royaume, pour arrêter, taxer & liquider iceux droits & devoirs. C'eſt à ſçavoir en nôtre Ville de Paris, pour les biens, terres, heritages, rentes, & autres poſſeſſions aſſiſes aux Reſſorts de nos Parlemens dudit Paris, Roüen & Dijon. Pour ceux aſſis aux Reſſorts de Toulouſe & Bordeaux, en nos Villes de Toulouſe & Bordeaux ; pour ceux aſſis aux Reſſorts de nos Parlemens de Dauphiné & Provence, en nos Villes d'Aix & Grenoble ; & pour ceux aſſis en nos Païs & Reſſort de Bretagne, en nôtre Ville de Rennes. Et afin que mieux & plus certainement & ſûrement ſoit ſur ce par eux procedé, avons fait expedier Commiſſions à nos Baillifs & Sénéchaux, pour faire publier, tant en leurs Sieges principaux, que par tous les autres Lieux deſdits Bailliages & Sénéchauſſées, que tous Gens d'Egliſe, Communautez, & de main-morte, & auſſi tous leſdits Roturiers & non Nobles (les Beneficiers dudit Clergé Nous payant Decimes exceptez) ayant dedans un mois prochain aprés ladite publication, pour toutes prefixions & délai, à apporter, ou envoyer, par Procureur ſuffiſamment fondé aux Greffes de leurſdits Bailliages & Sénéchauſſées la declaration au vrai & par le menu par eux dûément affermée & ſignée. A ſçavoir, leſdits Gens d'Egliſe, Communautez, & de main-morte, de toutes les terres, rentes, heritages, poſſeſſions, & biens immeubles par eux tenus & poſſedez, tant par les donations, achat, qu'autrement : & leſdits non Nobles de tous les fiefs, arriere-fiefs, rentes, heritages & poſſeſſions Nobles, qu'auſſi ils tiennent, poſſedent au dedans de chacun deſdits Bailliages & Sénéchauſſées, Sieges, Reſſorts & Enclaves d'iceux, enſemble les Lettres des Amortiſſemens qu'iceux Gens d'Egliſe, Communautez & de main-morte en ont obtenu les permiſſions, reſpit & ſouffrances, qu'eux & leſdits non Nobles en ont auſſi reſpectivement obtenus de nos Predeceſſeurs, ou de Nous, de tenir & poſſeder leſdites choſes, contre leſdits Statuts & Ordonnances ou bien la copie dûément collationnée aux Originaux deſdits Amortiſſemens, reſpits & ſouffrances, nos Procureurs en chacun deſdits Bailliages & Sénéchauſſées preſens, ou appellez, avec intimation, s'ils ſont trouvez poſſeder aucuns autres biens, rentes, ou heritages, outre ce, que ſera reſpectivement contenu par leurſdites declarations, qu'ils ſeront declarez confiſcables, & applicables à nôtredit Domaine, & leſquelles par noſdits Commiſſaires avons telles declarées. Et outre par noſdites Commiſſions avons mandé à iceux Baillifs & Sénéchaux, que où dedans ledit temps du mois, à compter du jour de ladite publication, leſdits Gens d'Egliſe, Communautez, & de main-morte, & pareillement leſdits Roturiers, & non Nobles, où les aucuns d'eux n'auront à ce reſpectivement satisfait, de prendre, saisir, & mettre en nôtre main reaument & de fait toutes les rentes, terres, heritages & possessions par eux détenuës, & occupées, dont ils n'auront fourni de declaration, en commettant par nosdits Baillifs & Sénéchaux respectivement bons & suffisans Commissaires, qui en puissent & sçachent répondre, & rendre bon compte & reliqua, quand & à qui il appartiendra, & sera par vous nosdits Commissaires députez à faire ladite liquidation, ordonné ; & ce nonobstant oppositions, ou appellations quelconques, & sans préjudice d'icelles, pour connoître & décider desquelles oppositions ou appellations, ensemble pour liquider & arrêter lesdits droits & devoirs d'iceux francs-fiefs & nouveaux acquêts, soit besoin d'ordonner lesdits Commissaires.

Sçavoir vous faisons, que Nous à plein confians de vos Personnes & de vos sens, suffisance, loyauté, integrité, prud'homie, & bonne diligence, vous avons commis, députez, commettons & députons par ces Presentes, & les six de vous en l'absence des autres, tant pour connoître, juger & décider en dernier Ressort d'icelles oppositions ou appellations, si aucunes se trouvent avoir été interjettées desdites proclamations & saisies : que pour liquider, taxer, & arrêter lesd. droits & devoirs d'iceux francs-fiefs & nouveaux acquêts à Nous dûs au Ressort de nôtredite Cour de Parlement de Bordeaux, entre nôtre Procureur en la Sénéchaussée de Guyenne au Siege de Bordeaux par Nous specialement constitué en cette partie d'une part, & lesdits Gens d'Eglise, Communautez & de main-morte, & aussi lesdits Roturiers & non Nobles, étans sous les Enclaves du Ressort dudit Parlement de Bordeaux respectivement dedans. Et ce tant sur lesdits Statuts & instructions faites par nosdits Predecesseurs sur la finance qui se doit lever à cause desd. Droits & devoirs des francs-fiefs & nouveaux acquêts : que sur lesdites Declarations d'icelles possessions, rentes, heritages, & biens immeubles ; ensemble sur les Lettres d'Amortissement, respits & souffrance obtenuës par lesdits Gens d'Eglise, Communautez & de main-morte, & par lesdits Roturiers & non Nobles, desquelles à ces fins voulons & ordonnons être mises & envoyées par devers vous, exceptez toutefois les Beneficiers dudit Clergé payans Decimes que ne voulons être aucunement compris en ces Presentes, & les en avons pour aucunes causes & considerations exemptez & exemptons.

Si voulons & vous mandons & ausdits six de vous en l'absence des autres, qu'au fait & negoce susdit vous ayez en l'une des Chambres de nôtre Palais ou autre lieu de nôtre Ville de Bordeaux que vous avise-

rez plus commode à proceder, vacquer & entendre en la meilleure &
plus prompte expedition de Justice que faire se pourra, en appellant
par vous pour expedier & signer vos Actes, Sentences, Appointemens,
Registres & Rolles desdites Taxes & liquidations, procedures & autres
expeditions, nôtre cher & bien aimé Me Pierre le Gendre Greffier &
Controlleur General par Nous député sur le fait desdits francs-fiefs
& nouveaux acquêts, ou celui de ses Commis qu'il voudra mettre & laisser prés de vous pour y vacquer. Et là où vous trouverez difficulté au
fait desdites Taxes & liquidations, Nous voulons par vous être accordé & composé avec lesdits redevables selon qu'en vos loyautez &
consciences verrez être à faire, vous donnant pouvoir & commission
de ce faire, & ordonnant lesdites Taxes & liquidations, & pareillement lesdites compositions que vous en ferez avec lesdits redevables
être de tel effet, vertu, force & efficace, comme si par Nous elles a-
voient été faites & ordonnées. Et quant à ce les avons dés - à - present
comme pour lors, & dés - lors comme dés - à - present, validées & au-
torisées, validons & autorisons de nôtre certaine science, pleine puissance & autorité Royale, par cesdites Presentes signées de nôtre main.
En rapportant lesquelles avec vos Sentences, Rolles & Actes d'icelles
liquidations, Taxes & Compositions, & les quittances de nôtre amé
& feal Maître Henry Simon, Receveur & Payeur des gages des Gens
de nos Comptes par Nous commis au recouvrement desdits droits &
devoirs des deniers que par lui seront reçûs d'icelles Taxes, liquidations & composition, lesdits redevables en être respectivement tenus
quittes & déchargez par tout où besoin sera, sans aucune difficulté.
Mandons aussi à tous nos Huissiers ou Sergens de quelque Cour, Ressort & Jurisdiction qu'ils soient, de mettre à dûë & entiere execution
icelles vos Sentences, Arrêts, Taxes, liquidation & composition;
& de contraindre à ladite execution tous ceux qu'il appartiendra, &
que pour ce seront à contraindre reaument & de fait, nonobstant opposition ou appellation quelconques, & comme il est accoûtumé faire
pour nos autres propres deniers, dettes & affaires. Et dautant qu'il
pourra avenir que plusieurs desd. redevables ausdits droits & devoirs
se trouvent negligens & défaillans de fournir dans ledit temps du mois
la declaration de leurs terres, rentes & possessions, Nous voulons
qu'ayez à les faire retirer de par Nous lesdites injonctions, d'en fournir
pardevers vous dedans tel temps & autres termes & délais que verrez
être à faire. Et contre les refusans, défaillans & délayans de satisfai-
faire à icelles injonctions, puissiez proceder ainsi que connoîtrez bon
être de ce faire, & accomplir ce que dessus, circonstances & depen-

dances; vous avons, ainfi que dit eft, donné & donnons plein pouvoir, puiffance, autorité, Commiffion & Mandement fpecial par cefdites Prefentes. Mandons & commandons à tous nos Jufticiers, Officiers & Sujets, qu'à vous & nos Huiffiers executans iceux vos Mandemens, Sentences & Arrêts, obéïffent, prêtent & donnent Confeil, confort, aide & prifons fi mêtier eft, & requis en font : CAR tel eft nôtre plaifir, nonobftant comme deffus & quelconques Ordonnances, reftrictions & Mandemens, défenfes & Lettres à ce contraires; aufquelles & aux dérogatoires des dérogatoires y contenuës Nous avons dérogé & dérogeons par cefdites Prefentes. Donné à Blois, le cinquiéme jour de Septembre, l'an de grace 1671. & de nôtre Regne le onziéme. Ainfi figné, CHARLES; Et plus bas, Par le Roy étant en fon Confeil, FISES. Et fcellé de cire jaune à fimple queuë pendante.

Collationné à fon Original par nous Notaires & Secretaires du Roy fouffignez. A Bordeaux le quatriéme Decembre mil cinq cens foixante treize.

DE PONTAC,   DUBERNET,
DE CURSOL,   DE CORNIER.

DIRE DE MESSIEURS LES MAIRE ET JURATS,
avec l'Acte de la production d'icelui.

LES Maire & Jurats de Bordeaux, tant pour le Corps de la Ville & Communauté d'icelle, que pour les Bourgeois, Manans & Habitans en icelle, dient pardevant vous, Meffeigneurs les Prefidens de Villeneuve, de Nefmond, & de Eymar: Meffeigneurs de Malvin, de Pomiers, de Merignac, de Gaultier, de Gafc le jeune, Confeillers du Roy en fa Cour de Parlement de Bordeaux, & de Mullet, auffi Confeiller dudit Seigneur, & fon Procureur General en ladite Cour, les tous Commiffaires députez par le Roy, pour les francs-fiefs & nouveaux acquêts, Que la Communauté de la Ville & les particuliers Habitans ne font de vôtre Commiffion : Car quant à la Communauté, dans vôtre Commiffion n'eft aucunement parlé des Communautez des Villes : Et bien qu'il en foit fait mention par certaines inftructions à vous envoyées, non toutefois par le Roy, le tout doit être limité à vôtredite Commiffion. Et paffant outre, & fans rien préjudicier à ce que deffus, dient quant à ladite Communauté, qu'elle ne peut être cenfée reprefenter une perfonne non Noble, veu qu'elle eft compofée de tant de perfon-

nes Nobles, que pour son antiquité, grandeur, Noblesse, elle est une des plus illustres, populeuses & grandes Villes de ce Royaume, tenant le tiers rang entre les principales Villes d'icelui. Aussi est-elle décorée de dignité de Comté & Baronie; sçavoir est, du Comté d'Ornon & Baronie de Veyrines: Davantage par Ordonnance du Roy les Jurats, Clerc & Procureur de ladite Ville sont Nobles pendant leur administration; Etans doncques les administrateurs Nobles & perpetuels par subrogation, necessairement la Noblesse de la Ville est aussi perpetuelle: Avec ce que les fiefs & Seigneuries qu'elle tient ne sont acquêts, ains de toute antiquité, & de temps plus qu'immemorial lui appartient. Et quand on parle de francs-fiefs & nouveaux acquêts, cela s'entend des acquisitions seules, & non des anciens patrimoines, comme sont lesdits Comté d'Ornon & Baronie de Veyrines, & autres fiefs & Seigneuries possedées par ladite Ville: Par quoi par toutes ces raisons la Communauté de la Ville n'est de vôtre Commission; & partant la devez declarer exempte & non comprise en icelle: Et pour le regard des particuliers, dient qu'ils ne peuvent aussi être compris en vôtre Commission, de tant que selon la liberté naturelle & droit comme approbatif d'icelle un chacun de libre & franche condition comme sont les Habitans de Bordeaux peut tenir, joüir & posseder ses biens, francs-aleus & de toute autre qualité. Ce que partant que besoin seroit a été ci-devant confirmé & approuvé par privilege exprés de plusieurs Rois, & même du Roy à present regnant, qui ont voulu que les Bourgeois, Habitans de la presente Ville non Nobles, puissent acquerir, tenir & posseder biens Nobles & franc-aleu sans autre permission du Roy; en quoi tel privilege est conforme au droit commun: voir le tout bien regardé n'est autre chose que le droit commun & liberté naturelle, Suivant laquelle lesdits Bourgeois Habitans non Nobles de la presente Ville, sont en possession immemoriale, ab omni ævo, de tenir de toutes sortes de biens Nobles, franc-aleu & francs-fiefs. Tellement que toutefois & quantes qu'aucuns Commissaires ont voulu entreprendre sur eux pour raison de ce, ils ont obtenu Jugement à leur profit, & ont été declarez exempts, sans pouvoir être compris en telles ou semblables Commissions de francs-fiefs & nouveaux acquêts. Aussi en la Guyenne toutes possessions sont censées franches & allodiales: tellement qu'aucuns Seigneurs ne peuvent inquieter les Proprietaires & Possesseurs, pour raison d'aucuns cens, rente, redevance, ou charge, sans au préalable en montrer par baillettes, reconnoissances, ou autres titres. Ce qu'a été confirmé par infinis Jugemens, tant de la Cour de Parlement, que d'autres Juges. Par quoi, Messeigneurs, tant la Communauté de la Ville, que les Particuliers doivent être declarez exempts, & non compris en vôtre Commission desdits francs-fiefs & nouveaux acquêts. A quoi concluent & autrement,

COMME

comme de droit, & à dépens. Fait à Bordeaux en Jurade, sous le signet du Clerc ordinaire de ladite Ville, le douziéme jour d'Août 1573.
Signé, DE PICHON.

L'ACTE DE PRODUCTION.

SEans les Commiſſaires députez par le Roy, ſur le fait des franc-fiefs & nouveaux acquêts, pour le Reſſort du Parlement de Bordeaux, en la Chambre deſdits francs-fiefs, ſont comparus Maîtres Jean le Doux, Eſtienne Roux, Jurats, & François de la Riviere, Avocat en la Cour, Procureur & Sindic de ladite Ville de Bordeaux ; leſquels ont mis pardevers leſdits Commiſſaires certain dire & remontrances par écrit, en une feüille de papier, ſigné de Pichon, de laquelle preſentation leſdits Commiſſaires leur ont octroyé le preſent Acte, & neanmoins ordonné que dedans trois jours, pour tous délais, ils mettroient pardevers eux tous & chacuns les Privileges & Titres qu'ils prétendent avoir pour exemptions des droits & devoirs dûs à Sa Majeſté pour raiſon deſdits francs-fiefs & nouveaux acquêts, & ſe pourvoiroient par Requête. Laquelle, ſi beſoin eſt, ſera montrée au Procureur du Roy conſtitué en cette partie. Autrement & à faute de ce faire, qu'il ſeroit par eux procedé à l'execution & achevement du negoce, ſuivant leur pouvoir & commiſſion. Fait en la Chambre deſdits francs-fiefs, établie en la Comptablerie à Bordeaux, le 12. Août 1573.
VIVENOT.

REQUÊTE PRESENTE'E A MESSIEURS
les Commiſſaires ſur les Francs-Fiefs, datée du vingt-ſixiéme jour de Septembre 1673.

A MESSIEURS LES COMMISSAIRES DEPUTEZ
pour l'execution de l'Edit des Francs-Fiefs.

SUPPIENT humblement les Maire & Jurats de cette Ville de Bordeaux, diſant ; Que au Procés pendant pardevant vous entre Monſieur le Procureur du Roy, demandant l'execution dudit Edit, & leſdits Supplians défendeurs, iceux Suppliuns pour la juſtification de leur droit ont produit pardevers Monſieur de Pomiers, Conſeiller du Roy en la Cour, & un deſdits Commiſſaires, les Originaux de leurs Privileges. Par

E

lefquels entre autres chofes eft permis aux Supplians & Bourgeois de la Ville, acquerir fiefs & terres nobles, encore qu'ils ne foient nobles, mais roturiers: lefquels Privileges lefdits Supplians voudroient faire extraire & vidimer à leur vrai Original. Ce confideré, il vous plaife de vos graces, permettre aux Supplians faire extraire & vidimer lefdits Privileges, & lefdits vidimus faits les declarer valoir Originaux, & leur bailler Acte de la production defdits Originaux : Et vous ferez bien.

Soit fait ainfi qu'il eft requis par le Greffier, le Procureur du Roy en cette partie appellé, eft ordonné que lefdits Maire & Jurats auront Acte de la prefentation de leurs Privileges. Fait en la Chambre des francs-fiefs à Bordeaux, le 26. Septembre 1573.

DE VILLENEUFVE,   DE POMMIERS,
DE MERIGNAC,   CASAU.

LETTRES DE COMPULSOIRE
données à Bordeaux le 23. Septembre 1573.

CHARLES par la grace de Dieu, Roy de France : Au premier Huiffier de nôtre Parlement ou nôtre Sergent fur ce requis, SALUT. De la partie des Maire & Jurats de nôtre Ville de Bordeaux, Nous a été expofé, que pour la juftification du bon droit que les expofans ont au Procés, contre eux pourfuivi devant nos amez & feaux Confeillers les Commiffaires par Nous députez fur l'execution de l'Edit fait pour raifon des francs fiefs & nouveaux acquêts, par nôtre Procureur commis & député pour ladite execution, eft befoin aux expofans faire extraire & vidimer certains Privileges, Hommages, Efporles, Reconnoiffances & autres Pieces étans aux Archives & Tréfor de nôtre Comptablerie de Bordeaux, & autres Perfonnes, & doutent n'en pouvoir finer fans contrainte, fi comme dient, humblement requerans fur nôtre provifion. Pource eft-il, que Nous te mandons & commettons par ces Prefentes, que tu faffes commandement de par Nous, fur certaines & grandes peines à Nous appliquer au Comptable de nôtredite Ville de Bordeaux, fes Commis & Députez, & toutes autres Perfonnes dont feras requis, de bailler & délivrer incontinent & fans délai aux expofans, ou leur certain commandement au falaire competant, le double & vidimus des Privileges, Hommages, Efporles, Reconnoiffances, & autres Pieces qu'ils leur requerront: finon le double ou vidimus d'icelles faits en bonne & valable forme,

nôtredit Procureur & autres, qui pour ce feront à appeller, prefens ou dûëment affignez, & les contraignant à ce, de exhiber devant toi les Originaux defdites Pieces, pour faire lefdits extraits & vidimus, par toutes voyes & maniere dûës & raifonnables, & en cas d'oppofition, refus ou délai, affigne les oppofans, refufans ou délayans, par-devant les Juges à qui la connoiffance en appartiendra, pour en dire les caufes & autrement proceder comme de raifon, en les certifiant dûëment de ce que fait auras fur ce ; aufquels Nous mandons, commettons & enjoignons faire aux parties, raifon & juftice: CAR tel eft nôtre plaifir, nonobftant quelconques Lettres à ce contraires. Mandons & commandons à tous nos Jufticiers, Officiers & Sujets, que à toi en ce faifant obéïffent. Donné à Bordeaux le vingt-troifiéme jour de Septembre, l'an de grace 1573. & de nôtre Regne le treiziéme.
Par le Confeil, DE GEOFRE.

Exploit du vingt-fixiéme Septembre audit an mil cinq cens foixante-treize.

LE *vingt-fixiéme jour de Septembre* 1573. *par vertu de Lettres Royaux de compulfoire, ci-attachées, en date du vingt-troifiéme jour dudit mois & an, fignées par le Confeil Geofre, & fcellées de cire jaune, obtenuës de la partie de Meffieurs les Maire & Jurats de la prefente Ville : Je Huiffier Audiencier en la Sénéchauffée & Siege Prefidial de Guyenne, certifie avoir donné affignation à Meffieurs les Gens du Roy en Guyenne, parlant à M. Pierre de Crufeau, Avocat du Roy audit Guyenne, à être & comparoir ce jourd'hui, heure de trois aprés midi, en la Comptablie de la prefente Ville, pour extraire & vidimer toutes & chacunes les pieces que lefdits Sieurs Maire & Jurats entendent faire extraire & vidimer par-devant Meffieurs les Commiffaires à ce députez, & autrement proceder comme de raifon : Lequel de Crufeau a fait réponfe qu'il comparoîtra, & ledit jour à la requête que deffus, parlant à la perfonne de Monfieur Maître Charles Deafte, Confeiller du Roy & fon Comptable en la Comptablie de ladite Ville, lui ai fait commandement de par le Roy nôtre Sire, à peine de dix mille livres audit Sieur appliquer, de incontinent & fans délai bailler & délivrer aufdits Sieurs Maire & Jurats tous & chacuns les Titres & & Papiers mentionnez éfdites Lettres ou vidimus d'iceux au falaire competant ; & lui ai declaré qu'à ces fins & pour ce voir faire j'avois affigné à ladite heure de trois aprés midi lefdits Sieurs Gens du Roy en Guyenne, par-devant lefdits Sieurs Commiffaires, lequeldit Sieur Comptable a fait ré-*

E ij

ponse qu'il verra que c'est, & lui ai baillé un double desdites Lettres &
Exploits és presences de Maître Jean Arnaud & François Durere, habi-
tans dudit Bordeaux, par moi,

D U P U Y.

Requête du deuxième d'Octobre 1573.

A MESSIEURS LES COMMISSAIRES DEPUTEZ
pour l'execution de l'Edit des Francs-Fiefs

Supplient humblement les Maire & Jurats de cette Ville de Bordeaux,
que les Supplians ayant suivant l'Ordonnance de vous, mesdits Sieurs,
fait faire vidimus collationné au vrai Original des Lettres Patentes du Roy,
contenant leurs privileges y contenus, ensemble des Lettres Patentes confir-
matives d'icelles par vôtre Greffier, y ayant à ce voir faire assisté M. Ger-
main du Perier Procureur du Roy en cette partie, dés le jour d'hier dernier
de Septembre 1573. lequel vidimus est de present devers ledit Greffier,
qu'ils produisent & mettent devers vous, mesdits Sieurs, avec certain
vidimus de Sentence du vingt-quatriéme jour de May 1559. & les autres
pieces ce concernans, requerans icelles recevoir tout ainsi que si c'étoit le vrai
Original. Et ordonner la main des biens saisis desdits Jurats être levée par
vôtre Sentence ou Arrêt qui sur ce interviendra ; & ce faisant declarer
iceux Maire & Jurats, suivant leurdit privilege, exempts de l'article men-
tionné & confirmation d'icelui, ensemble les Bourgeois d'icelle : Et que sur
ladite production d'iceux Maire & Jurats, ledit Sieur Procureur du Roy en
aye communication, pour sur icelles prendre telles conclusions qu'il verra
être à faire ; & icelles contredire, si bon leur semble, autrement en soit
forclos : Et appointer le procés en droit, & juger par ce qui se trouvera
produit pardevers vous, mesdits Sieurs : Et vous ferez bien.

Soit montré au Procureur du Roy. Fait au Greffe des francs-fiefs
à Bordeaux le deuxiéme d'Octobre 1573.

C A S A U.

CONCLUSIONS DU PROCUREUR DU ROY.

VEU par Nous Germain Duperier, Conseiller du Roy & Procureur dudit Sieur en la grande Sénéchaussée de Guyenne ; & pour

le fait des francs - fiefs & nouveaux acquêts, les vidimus en nôtre pre-
sence faits suivant l'Ordonnance de Messieurs les Commissaires sur ce
députez, du 26. Septembre dernier, des privileges baillez par le feu
Roy Henry II. de ce nom aux Maire & Jurats, Bourgeois, Manans &
Habitans de la presente Ville de Bordeaux, donnez à Saint Germain
en Laye au mois d'Août 1550. signées Henry, & Visa: Et plus bas,
par le Roy, de l'Aubespine, Contentor le Clerc; & scellées du grand
Scel de cire verte à lacs pendans; lûës, publiées & enregistrées au
Grand Conseil dudit Sieur, & en la Chambre ordonnée au temps des
vacations en ladite Ville de Bordeaux, le deuxiéme & treiziéme de
de Septembre 1550. en la Chambre de Messieurs les Comptes, & des
Generaux des Aydes à Paris, le quatorziéme & vingt-septiéme de
Fevrier audit an 1550. Verification desdits Privileges faite par les
Generaux de France, du dernier jour dudit mois de Fevrier audit an,
signé Babon, par lesquels Privileges entre autres choses est contenu
que les Bourgeois de ladite Ville, encore qu'ils ne soient nobles mais
roturiers, pourront neanmoins acquerir fiefs & terres nobles. Confirmation desd. Privileges par le Roy Charles à present regnant, donnée
à Orleans au mois de Janvier 1560. signée, Dumesnil, & au repli,
par le Roy, de Lomenie; & plus bas, Contentor, de Vabres, &
scellées du grand Scel de cire verte à lacs de soye verte & rouge pendans. Copie signée de Lalande, Notaire & Secretaire du Roy, & collationné à l'Original de certain Jugement donné par les Commissaires
ci-devant députez par le Roy au Païs de Saintonge sur les francs fiefs
& nouveaux acquêts, entre M. Jean de Ciret Seigneur de Saint Fort,
Conseiller du Roy en la Cour de Parlement dud. Bordeaux. Guillaume
le Blanc, Jacques Arrefrat, Christophle Aubin, Jean Corrillaud,
Jacques Gosson & Jean le Sueur, Avocats & Procureurs en ladite Cour,
demandeurs & requerans l'interinement de certaines Requêtes, d'une
part; & le Procureur du Roy sur le fait des francs-fiefs & nouveaux
acquêts en Saintonge, défendeur, d'autre. Par lequel Jugement est
dit, Veu lesdits Privileges de ladite Ville de Bordeaux, que lesdits
demandeurs sont exempts, francs, quittes & immunes de payer au Roy
finances pour raison desdits francs-fiefs & nouveaux acquêts, & baillé
main-levée d'iceux, daté ledit Jugement du vingt-quatriéme jour de
May 1559.

*Disons ne vouloir empêcher que lesdits Maire & Jurats & Bourgeois de
la presente Ville ne joüissent de leursdits Privileges. Et en ce faisant que
lesdits Maire & Jurats & Bourgeois, encore qu'ils ne soient nobles, ains
roturiers, soient declarez exempts, francs, quittes & immunes de payer*

au Roy finance pour raison des francs-fiefs & nouveaux acquêts, par eux tenus & possedez : Et où aucune saisie y auroit pour raison de ce, consens qu'elle soit tolluë & ôtée, & main-levée leur soit baillée, avec inhibitions aux Commissaires établis au regime des fruits desdits biens saisis, ne troubler ne empêcher lesdits Maire & Jurats & Bourgeois en la possession & joüissance desdits fiefs nobles & nouveaux acquêts, ains qu'ils ayent à leur rendre tout ce qu'ils en auroient pris. Fait à Bordeaux le deuxiéme jour d'Octobre 1573.

DUPERIER.

SENTENCE DESDITS SEIGNEURS
Commissaires, par laquelle appert de l'exemption & Privilege des Bourgeois de Bordeaux.

LES Commissaires députez par le Roy sur le fait des francs-fiefs & nouveaux acquêts, pour le Ressort du Parlement de Bordeaux : A tous ceux qui ces presentes Lettres verront, SALUT. Comme sur les remontrances par écrit faites par les Maire & Jurats de la Ville de Bordeaux, contenans que la Communauté de ladite Ville, ne les Particuliers Habitans, n'étoient compris en nôtre Commission ; car quant à la Communauté n'en étoit aucunement fait mention par icelle, & & qu'icelle Communauté ne pouvoit être censée representer une Personne non noble, veu qu'elle étoit composée de tant de personnes nobles, que pour son antiquité, grandeur & noblesse, elle étoit une des plus illustres, populeuses & grandes Villes de ce Royaume, tenant le tiers rang entre les principales Villes d'icelui ; aussi qu'elle étoit decorée de dignité de Comté & Baronie ; sçavoir est, du Comté d'Ornon & Baronnie de Veyrines : davantage par Ordonnance du Roy les Jurats, Procureur & Clerc de ladite Ville sont nobles pendant leur administration ; étans doncques les administrateurs nobles & perpetuels par subrogation, necessairement la Noblesse de la Ville étoit aussi perpetuelle, avec ce que les fiefs & Seigneuries qu'elle tenoit n'étoient acquêts, ains de toute antiquité & de temps plus qu'immemorial lui appartiennent. Et quand on parloit des francs-fiefs & nouveaux acquêts, cela s'entendoit des acquisitions seules, & non des anciens patrimoines comme étoient lesdits Comté d'Ornon & Baronnie de Veyrines, & autres fiefs & Seigneuries possedées par ladite Ville ; par quoi par toutes ces raisons la Communauté de ladite Ville n'étoit de nôtre commisfion , & partant la devions declarer exempte & non comprife en icelle. Et pour le regard des Particuliers difoient qu'ils ne pouvoient auffi être compris en nôtredite commiffion , de tant que felon la liberté naturelle & droit commun approbatif d'icelle , un chacun de libre & franche condition comme étoient lefdits Habitans de Bordeaux pouvoient tenir, joüir & poffeder fes biens franc-alleu & toute autre qualité ; ce que partant que befoin feroit avoit été ci-devant confirmé & approuvé par Privileges exprés de plufieurs Rois , même du Roy à prefent regnant,lefquels avoient voulu que les Bourgeois, Habitans de lad. Ville non nobles puiffent acquerir, tenir & poffeder biens nobles & francs-alleus, fans autre permiffion du Roy , en quoi tel Privilegee étoit confirmé au droit commun de liberté naturelle , fuivant laquelle lefdits Bourgeois , Habitans non nobles de ladite Ville étoient en poffeffion immemoriale, *ab omni ævo* , de tenir de toute forte de biens nobles , francs-alleus, de francs-fiefs, tellement que toutesfois & quantes qu'aucuns Commiffaires avoient voulu entreprendre fur eux pour raifon de ce , ils avoient obtenu Jugement à leur profit, & avoient été declarez exempts , fans pouvoir être compris en telles ou femblables commiffions de francs-fiefs & nouveaux acquêts. Auffi en la Guyenne toutes poffeffions étoient cenfées franches & allodiales ; tellement qu'aucuns Seigneurs ne pouvoient inquieter les proprietaires & poffeffeurs pour raifon d'aucuns cens , rentes & redevances ou charges , fans au préalable en montrer par baillettes , reconnoiffances & autres titres ; ce qu'avoit été confirmé par infinis Jugemens , tant de la Cour de Parlement que d'autres Juges. Par quoi tant la Communauté de ladite Ville que les Particuliers devoient être declarez exempts & non compris en nôtredite commiffion des francs-fiefs & nouveaux acquêts : A quoi concluoient & autrement comme de droit, & aux dépens, en date du douziéme jour d'Août 1573. figné de Pichon. Sur lefquelles remontrances aurions ordonné que lefd. Maire & Jurats auroient Acte de la prefentation, & neanmoins qu'ils fourniroient & mettroient pardevers eux , dedans trois jours , pour toutes prefixions & délais , tous les titres , enfeignemens & privileges par eux mis en avant, & dont ils s'étoient vantez avoir pour exemption des droits & devoirs de francs-fiefs & nouveaux acquêts , autrement & à faute de ce faire , qu'il feroit par Nous procedé à l'achevement de nôtre commiffion & faifie , ainfi qu'ils verront être à faire par raifon.

Autres deux Requêtes à Nous prefentées par lefd. Maire & Jurats, fur la premiere defquelles tendant à fin qu'il leur fût permis faire extraire lefdits Privileges, & les vidimus d'iceux être par Nous receus, com-

me les originaux, fut ordonné que lesdits vidimus & collations se-
roient faits sur les originaux, par nôtre Greffier, le Procureur du Roy
en cette partie present : l'autre & derniere Requête, par laquelle ils
requeroient que sur lesdits vidimus il leur fût fait droit, ensemble sur
les pieces produites & mises pardevers Nous. Et en ce faisant, qu'ils
fussent declarez exempts des droits & devoirs de francs-fiefs & nouveaux acquêts, & les Bourgeois de ladite Ville de Bordeaux, sans que
pour raison des possessions par eux tenuës noblement, ils soient aucunement inquietez, comme n'étant sujets ausdits droits, & main-levée
leur être faite des biens saisis à la requête du Procureur du Roy en cette
partie ; avec défenses aux Commissaires établis au regime & gouvernement d'iceux biens, de ne eux entremettre doresnavant au fait &
exercice de leur commission, & de ce qui pourroit ja avoir été par
eux pris & perceu leur en rendre compte & reliqua, & en ce faisant
en demeureroient déchargez.

Veu certaines Lettres en forme de Chartre, données à Saint Germain en Laye au mois d'Août, l'an de grace 1550. signé, Henry,
Visa, & plus bas, Par le Roy, de l'Aubespine, Contentor, le Clerc.
Et scellées du grand Scel de cire verte, à queuë pendans en lacs de
soye verte & rouge, & contrescellées, lûës, publiées & enregistrées
és Registres du Grand Conseil du Roy, le Procureur General en icelui
ce requerant, en la Chambre ordonnée au temps des vacations en lad.
Ville de Bordeaux, le troisiéme jour de Septembre 1550. és Chambres
des Comptes, & Generaux des Aydes à Paris, le quatorziéme & vingt-
septiéme de Fevrier audit an 1550. par lesquelles entre autres choses
est permis aux Bourgeois de ladite Ville de Bordeaux, encore qu'ils
soient roturiers, de tenir terres & fiefs nobles, même les deniers du Roy.

Vidimus fait par Lalande Notaire & Secretaire du Roy, d'un Arrêt
donné par les Commissaires députez par le Roy, sur le fait desdits
francs-fiefs & nouveaux acquêts au Païs de Saintonge, en date du
vingt-quatriéme jour de May 1559. signé le Gendre, par lequel appert
Maîtres Jean de Ciret, Seigneur de Saint Fort, Conseiller du Roy en
sa Cour de Parlement de Bordeaux, Guillaume Blanc, Jacques Arresrat, Christophe Aubin, Jean Corrillaud, Jacques Gosson & Jean
le Sueur, Avocats & Procureurs en ladite Cour, demandeurs & requerans l'interinement de certaines Requêtes, d'une part ; & le Procureur
du Roy en cette partie, défendeur d'autre, avoir été declarez exempts,
francs, quittes & immunes de payer finance au Roy pour raison des
fiefs, & biens nobles par eux tenus & possedez, comme Bourgois de lad.
Ville de Bordeaux, leur faisant pleine main-levée de leursdites terres,
& possessions saisies. Autres

Autres Lettres Patentes données à Orleans au mois de **Janvier**, l'an de grace *1560.* signées de Mesnil, & sur le repli, Par le Roy, de Lomenie, & plus bas, Conteutor, & de Vabres, & scellée de cire verte à queuë pendans à lacs de soye verte & rouge,& contrescellée à simple Sceau,par lesquelles le Roy auroit continué & confirmé aux Maire & Jurats, Citoyens de Bordeaux,Manans & Habitans de lad. Ville de Bordeaux, pleinement & paisiblement, & perpetuellement les privileges, franchises,libertez & exemptions à eux octroyez par ses Predecesseurs Rois, tout le contenu és Lettres Patentes & closes du feu Roy Henry dernier, pour en joüir par lesdits Maire & Jurats de ladite Ville de Bordeaux, sans aucun trouble ou empêchement.

Conclusions du Procureur du Roy par Sa Majesté constitué en cette partie, auquel tout a été communiqué ; & tout consideré :

Nous faisans droit sur les Requêtes, remontrances, & tout ce qui a été pardevers Nous produit par les Maire & Jurats de la Ville de Bordeaux, avons declaré & declarons lesdits Maire & Jurats exempts, francs, quittes & immunes de payer finance au Roy, pour les Terres, Rentes & Possessions par eux tenuës noblement, & autres biens à eux appartenans en communauté, & sujets aux droits & devoirs de francs-fiefs & nouveaux acquêts, ensemble tous & chacuns les Bourgeois de ladite Ville de Bordeaux, & iceux avons renvoyé sans jour, sans bien & sans finance pour raison desdits droits & devoirs ; & si avons fait & faisons main levée ausdits Maire & Jurats des possessions & biens sur eux saisis, à la requête du Procureur du Roy en cette partie, avec défenses aux Commissaires établis au regime & gouvernement d'iceux biens, de ne eux entremettre dorésnavant au fait & exercice de leur commission, de laquelle ils seront tenus leur en rendre compte & reliqua ; & ce faisant demeurer dechargez. SI DONNONS EN MANDEMENT à tous les Justiciers, Officiers & Sujets du Roy nôtredit Sieur, que du contenu en ce present nôtre Arrêt ils laissent & fassent joüir pleinement & paisiblement lesdits Maire & Jurats, sans aucun contredit ou empêchement, & au premier Huissier ou Sergent Royal sur ce requis, de le mettre à entiere execution selon sa forme & teneur ; de ce faire lui avons donné & donnons plein pouvoir, puissance & autorité par cesdites Presentes. Donné en la Chambre des francs - fiefs & nouveaux acquêts, établie en la Comptablerie à Bordeaux le dixiéme jour d'Octobre l'an *1573.*

   Signé, VIVENOT.

Le dix-neuviéme jour de Novembre audit an 1573. la presente Sentence

F

a été signifiée par moy Huissier au Parlement de Bordeaux soussigné, & les inhibitions y contenuës faites à Arnaud Peleau, Bourgeois & Marchand de ladite Ville, Commissaire député au regime des deniers provenans du revenu des Maire & Jurats de la presente Ville, qui a eu le double, & répondu qu'il se gardera de méprendre. Signé, LAVERGNE.

LETTRES PATENTES DU ROY
Henry III. portant confirmation des Privileges de la Ville de Bordeaux.

HENRY par la grace de Dieu, Roy de France & de Pologne: A tous presens & à venir, Salut. Comme entre autres remontrances que Nous auroient fait nos chers & bien amez les Maire & Jurats de nôtre Ville de Bordeaux au mois d'Août dernier, celle-ci sera une des principales, que pour les causes & considerations qui auroient meû nos Predecesseurs Rois, leur octroyer plusieurs grands & beaux Privileges, confirmez par feu nôtre trés-honoré Seigneur & pere le Roy Henry, que Dieu absolve, y ajoûtans les grandes pertes & travaux par eux reçûs & soufferts depuis 24. ans en ça, au moyen des guerres avenuës en cettui nôtre Royaume, il Nous plût leur accorder la confirmation de leursdits Privileges, pour en joüir par eux & leurs successeurs, ainsi qu'ils ont ci-devant: ce qu'aprés meûre deliberation Nous aurions ordonné, Nous à ces causes & en suivant nôtredite Ordonnance écrite en la marge de l'onziéme de leurs articles, dont la copie est ci-attachée avec copie de leursdits Privileges, sous le Contrescel de de nôtre Chancellerie, de nôtre grace speciale, pleine puissance & autorité Royale, avons confirmé, approuvé & continué, & par ces Presentes confirmons, approuvons & continuons tous & chacuns lesdits Privileges, pour par les exposans & leurs successeurs en joüir, ainsi qu'ils ont fait ci-devant bien & dûëment, joüissent & usent encores de present. SI DONNONS EN MAEDEMENT à nos amez & feaux les Gens tenans nôtre Cour de Parlement audit Bordeaux, Chambre de Comptes à Paris, Trésoriers Generaux de nos Finances audit Bordeaux, Sénéchal de Guyenne, & tous nos autres Justiciers & Officiers, si comme à eux appartiendra; que desdits Privileges ils fassent, souffrent & laissent joüir lesdits exposans & leurs successeurs pleinement & paisiblement, & perpetuellement, sans leur faire, ne souffrir leur être fait ni donné aucun empêchement, lequel, si fait étoit, ils fassent mettre au premier état & dû: CAR tel est nôtre plaisir, nonobſtant quelconques Edits, Ordonnances & Lettres à ce contraires, auſquelles Nous avons dérogé & dérogeons par ces Preſentes ; auſquelles, & afin que ce ſoit choſe ferme & ſtable Nous avons fait mettre nôtre Scel. Donné à Paris au mois de Juillet, l'an de grace 1583. & de nôtre Regne le dixiéme, & ſur le repli, ſigné par le Roy, ALMERAS: Et ſcellé du grand Sceau de cire verte en lacs de ſoye à double queuë.

LETTRES PATENTES DU ROY
Henry IV. concernant la garde des Clefs de la Ville de Bordeaux.

HENRY par la grace de Dieu, Roy de France & de Navarre: A tous preſens & à venir, SALUT. Ayant fait voir à nôtre Conſeil la Requête & remontrance de nos trés-chers & bien amez les Maire & Jurats de nôtre Ville de Bordeaux, contenant entre autres choſes, que de tout temps & ancienneté leur a été par privilege donné la garde, maniement & gouvernement des Clefs des Portes de la Ville, & des Tours qui ſont ſur les murailles d'icelle, ſans qu'autres qu'eux en euſſent eu ledit maniement, qui leur auroient été confirmez par feu nôtre trés - honoré Sieur & frere le Roy Charles IX. par ſes Lettres de Declaration du onzieme jour de May 1566. deſquelles le vidimus eſt ci-attaché ſous le Contreſcel de nôtre Chancellerie, dont en auroient toûjours depuis joüi, comme ils font encore, qu'ils craignent y être troublez, s'ils n'avoient ſur ce nos Lettres de confirmation, leſquelles ils Nous ont trés - humblement ſupplié & requis leur octroyer ; ſçavoir faiſons, que Nous voulans les bien & favorablement traiter, pour la bonne affection & fidélité qu'ils portent au bien de nos affaires & ſervice, Avons auſdits Supplians continué & confirmé, continuons & confirmons par ces Preſentes ledit Privilege, pour de la garde, maniement & gouvernement des Clefs de ladite Ville & des Tours d'icelle, joüir & uſer par eux & leurs ſucceſſeurs, ainſi qu'ils ont ci-devant bien & dûëment joüi, joüiſſent & uſent encore de preſent, ſans qu'autres qu'eux ſe puiſſent entremettre de ladite garde. SI DONNONS EN MANDEMENT à nos amez & feaux Conſeillers les Gens tenans nôtre Cour de Parlement de Bordeaux, & à nôtre trés-cher & trésamé Couſin le Sieur de Matignon, Maréchal de France & nôtre Lieutenant General en nôtre Païs de Guyenne, que de nos preſentes confirmations & contenu ci-deſſus ils faſſent, ſouffrent & laiſſent leſdits

Maire & Jurats & leurs fuccefleurs joüir & ufer pleinement & paifiblement, ceffant & faifant ceffer tous troubles & empêchemens au contraire: C a r tel eft nôtre plaifir; Et afin que ce foit chofe ferme &
ftable à toûjours, Nous avons fait mettre nôtre Scel à cefdites Prefentes, fauf en autres chofes nôtre droit, & l'autrui en toutes. Donné à
Mante au mois de Juillet, l'an de grace 1591. & de nôtre Regne le
deuxiéme. Ainfi figné fur le repli, Par le Roy, F o r g e t. Vifa, Contentor, Gourdon. Et fcellé de cire verte à lacs de foye pendant.

H ENRY par la grace de Dieu, Roy de France & de Navarre:
A nôtre trés-cher & trés-amé Coufin le Sieur de Matignon,
Maréchal de France, & nôtre Lieutenant General en nôtre Païs de
Guyenne, S a l u t. Ayant fait voir en nôtre Confeil la Requête &
remontrance de nos trés-chers & bien aimez les Maire & Jurats de
nôtre Ville de Bordeaux, contenant entre autres chofes, que de tout-
temps & ancienneté leur a été par Privilege donné la garde, maniement & gouvernement des Clefs des Portes de ladite Ville, & des
Tours qui font fur les murailles d'icelle, fans qu'autres qu'eux en
euffent eu le maniement, ce qui leur auroit été confirmé par feu nôtre
trés-honoré Sieur & frere le Roy Charles dernier décedé, par fes Lettres
de Declaration du onziéme de May 1566. defquelles le vidimus eft ci-
attaché fous le Contrefcel de nôtre Chancellerie, dont ils auront toûjours depuis joüi, comme ils font encore, qu'ils craignent y être
troublez, s'ils n'avoient nos Lettres fur ce neceffaires, lefquelles ils
Nous ont trés-humblement fupplié & requis leur octroyer: Nous voulans les bien & favorablement traiter, pour la bonne affection & fidélité qu'ils portent à nos affaires & fervice, vous mandons & ordon-
donnons par ces Prefentes, que fuivant les Privileges defdits Supplians, vous ayez à les maintenir en celui qui concerne ladite garde,
maniement & gouvernement des Clefs de ladite Ville & Tours d'icelle,
& les en faire joüir & ufer pleinement & paifiblement, ainfi qu'ils
ont fait par ci-devant, fans aucune difficulté, ceffans & faifant ceffer tous troubles & empêchemens au contraire: C a r tel eft nôtre
plaifir. Donné à Mante le douziéme jour de Juillet 1591. & de nôtre
Regne le deuxiéme. Ainfi figné, Par le Roy en fon Confeil, F o r g e t.
Et fcellé du grand Sceau de cire jaune, à fimple queuë.

EXTRAIT DES REGISTRES DE PARLEMENT.

VEU par la Cour la Requête a elle presentée le 21. du present mois de Juillet 1592. par les Maire & Jurats, Gouverneurs de ladite Ville de Bordeaux, disant ; qu'ils ont obtenu du Roy Lettres Patentes, sur la confirmation des Privileges, qu'ils ont de tout temps & ancienneté, d'avoir la garde, maniement & gouvernement des Clefs des Portes de ladite Ville & des Tours qui sont sur la muraille d'icelle Ville, dont eux & leurs predecesseurs ont joüi jusques à present paisiblement & sans contredit, requerant la verification & enregistrement desdites Patentes, selon leur forme & teneur. Consentement du Procureur General du Roy, auquel ladite Requête a été communiquée par Ordonnance de ladite Cour. Vidimus des Lettres Patentes octroyées aux Maire & Jurats de ladite Ville de Bordeaux par le Roy Charles IX. le 11. de May 1566. Autres Lettres Patentes adressantes au Seigneur de Monluc, Lieutenant General pour le Roy en Guyenne, en l'absence du Prince de Navarre, données à faire à Tartenois, le 8. Septembre audit an 1566. Lettres Patentes de confirmation, desquelles est requis la verification & enregistrement, données à Mante au mois de Juillet 1591. signées sur le repli, Par le Roy, Forget. Visa, Contentor, Gourdon, scellées du grand Sceau à lacs de soye verte & rouge. Autres Lettres adressantes au Sieur de Matignon, Maréchal de France, & Lieutenant General pour Sa Majesté en Guyenne, aussi données à Mante le 12. dudit mois de Juillet 1591. Autre Requête hui presentée aux fins de l'interinement de la precedente, le tout attaché ensemble. Dit a été, interinant la Requête desdits Maire & Jurats, quant à ce, que la Cour a ordonné & ordonne, que les Lettres de confirmation mentionnées en ladite Requête, seront enregistrées au Greffe d'icelle, pour joüir par lesdits Maire & Jurats & leurs successeurs du contenu ésdites Lettres, comme leurs predecesseurs en ont ci-devant bien & dûement joüi & usé. Prononcé à Bordeaux en Parlement le premier jour du mois d'Août 1592. Signé, D'ALESME

LETTRES PATENTES DU ROY
Henry IV. qui rétablissent & remettent aux Maire & Jurats de Bordeaux toute la Jurisdiction politique de ladite Ville & Banlieüe d'icelle.

HENRY par la grace de Dieu, Roy de France & de Navarre: A tous ceux qui ces presentes Lettres verront. SALUT. Sçavoir

faifons , que pour le defir que Nous avons de reconnoître les fidéles
fervices , & bon devoir que nos Predeceffeurs & Nous avons reçû du
foin & vigilence qu'ont rendu nos chers & bien amez les Maire & Jurats
de nôtre Ville de Bordeaux , à bien regir & gouverner ladite Ville
durant les troubles , & pour empêcher au hazard de leurs vies qu'il
en avînt inconvenient ou furprife ; fur la remontrance qui Nous a été
ce jourd'hui faite de leur part, que la Jurifdiction & Police de nôtredite
Ville & Banlieuë d'icelle leur appartient de toute ancienneté par les
Privileges à elle confirmez par nos Predeceffeurs & Nous, qu'elle y a
toûjours été exercée par lefdits Maire & Jurats hormis puis quelques
années , pour les maintenir en la poffeffion d'icelle , ainfi que plufieurs
autres bonnes Villes de ce Royaume, qui connoiffent de tout ce qui appartient à la Police, y ont été confirmez. Aprés avoir fait voir les Privileges à nôtre Confeil, Nous avons pour le bien, repos & foulagement
de nôtredite Ville, à l'exemple de ce qui a été ci-devant accordé, tant
au Prevôt des Marchands & Echevins de nôtre Ville de Paris , qu'aux
Capitouls de Touloufe , de nôtre grace fpeciale , pleine puiffance &
autorité Royale , remis & rétabli , remettons & rétabliffons , commettons & attribuons par ces Prefentes aufdits Maire & Jurats de nôtre
Ville de Bordeaux , toute la Jurifdiction Politique en ladite Ville &
Banlieuë d'icelle , pour être adminiftrée en l'état , & tout ainfi qu'elle
y étoit par eux exercée avant l'établiffement de la Chambre de Police
ordonnée en icelle , de l'autorité de nôtre Cour de Parlement en execution de l'Edit du feu Roy Charles nôtre trés-cher Seigneur & frere,
du mois de Janvier 1572. Et ladite Chambre en ce faifant, avons revoqué & revoquons , & déchargé ceux qui ont été commis par nôtredite Cour à l'adminiftration de ladite Police , pour y vacquer doréf-
navant par lefd. Maire & Jurats, felon qu'il eft porté par leurs Statuts
& Reglemens ci-devant obfervez fommairement & fans miniftere , appellé leur Secretaire ou Greffier pour le regard de la vifitation des
poids, mefures , aulnages & entretenement defdites Ordonnances concernant ladite Police. Et afin qu'il ne foit aucune chofe changé , tous
les Habitans & Forains étrangers , Gens de Métier , Artifans & autres
feront tenus de continuer l'accoûtumance, forme de prendre en la maifon commune, & non ailleurs, en jours de Jurade, le poids, prix & taux
des vivres , femblablement les Reglemens des Hoftelleries , Tavernes
& Cabarets , & de ce qui eft du fait des Grilles , Lavoirs & Fontaines,
nettoyemens des bourriers & immondices , de la conduite des œuvres,
pavez , bâtimens , allignemens & décoration des ruës & places ; comme
auffi lefdits Maire & Jurats auront pouvoir & cohartion contre les

Larrons de bois, vins, bleds, foins & autres fruits, & contre les Bou-
chers, Boulangers, Vivandiers & Revendeurs, fpecialement fur ce
qui eft de la Police des Pauvres Hôpitaux & Maladreries, & fur toutes
autres chofes neceffaires à la Police : En laquelle défendons à toutes
Perfonnes, fors aufdits Maire & Jurats, de plus s'entremettre fur peine
de défobéïffance ; & à ce qu'elle puiffe être adminiftrée avec l'autorité
requife pour reprimer les défordres qui s'y commettent, que fur les
moindres Jugemens les délinquans interjettent appellations, qui demeureront fans pourfuite au défaut de Partie, dont procedent en lad.
Police des fautes en grand nombre. Avons aufdits Maire & Jurats permis & permettons proceder contre toutes Perfonnes qui contrevien-
dront à leur Ordonnance, par amendes pecuniaires, jufques à la fomme
de cinq cens écus pour une fois, & leurs Sentences & Jugemens donnez
en fait de Police, voulons être executez par leurs Sergens, nonobftant
oppofitions ou appellations, & fans préjudice d'icelles, pour lefquelles ne fera differé à l'entiere execution. SI DONNONS EN
MANDEMENT à nos amez & feaux Confeillers les Gens tenans
nôtre Cour de Parlement de Bordeaux, audit Sénéchal de Guyenne ou
fon Lieutenant, & autres nos Jufticiers & Officiers qu'il appartiendra,
que lefdites prefentes nos Lettres de rétabliffement de ladite Police &
Ordonnance ils faffent lire, publier & regiftrer, & du contenu joüir
& ufer lefdits Maire & Jurats, & Habitans de nôtredite Ville de Bordeaux prefens & à venir, fans leur faire mettre, ou donner ni fouffrir
leur être mis ou donné deftourbier ou empêchement au contraire. Lequel fi mis ou donné étoit, ôtent & faffent ôter, & mettre incontinent
au premier état, nonobftant oppofitions ou appellations, defquelles
Nous avons retenu & refervons à nôtre Confeil la connoiffance,
& icelle interdite, & défendons à toutes nos Cours & Juges
Ordonnances, Mandemens, défenfes ou Lettres à ce contraires ;
aufquelles & aux dérogatoires des dérogatoires d'icelles Nous avons
dérogé & dérogeons : CAR tel eft nôtre plaifir ; En témoin de ce
Nous avons fait mettre nôtre Scel à ces Prefentes. Donné à Roü n
le trentiéme jour de Janvier, l'an de grace 1597. & de nôtre Regne
le huitiéme : Ainfi figné, Par le Roy en fon Confeil, POTIER. Et
fcellé du grand Scel de cire jaune, à queuë pendante.

EXTRAIT DES REGISTRES
de Parlement.

VEU par la Cour la Requête à elle prefentée le troifiéme de Janvier dernier 1599. par les Maire & Jurats de Bordeaux, contenant qu'ils font avertis que le Roy par fes Lettres Patentes envoyées aux Tréforiers Generaux de France en Guyenne, fait impofer en la prefente année une grande & notable fomme fur ladite Generalité, tant pour fa maifon que garnifons, outre celle du Taillon; & dautant que les Elûs procedans audit département pourroient comprendre les Habitans de la prefente Ville audit département, qui notoirement font exempts de toutes impofitions extraordinaires de quelque qualité & condition qu'elles puiffent être, comme il appert par les Privileges de ladite Ville, confirmez par tous les Rois, & verifiez en ladite Cour, fauf dudit Taillon: pour la portion duquel ils ont même été furtaxez de huit à dix fois plus qu'ils ne portoient ci-devant à la décharge du Lyonnois, Beaujolois & Foreft; d'ailleurs qu'ils font travaillez pour autres fommes ci-devant impofées par lefd. Elûs, pour la fortification des Châteaux Trompette & Bayonne, comme auffi pour la fomme de quatre mille tant d'écus ci-devant baillez par lefdits Elûs, pour impofer en l'année quatre-vingts-quinze, fur les Habitans de ladite Ville, pour le payement des garnifons de la Province, le tout fi préjudiciable aux Habitans de ladite Ville, que fi cela avoit lieu il faudroit de toute neceffité venir à une capitation generale fur tous les Habitans, qui feroit rompre les Privileges. Au moyen de quoi requeroient lefdits Maire & Jurats, faire inhibitions & défenfes aufdits Elûs, procedans au département defdites fommes extraordinaires, tant pour le prefent qu'à l'avenir, de n'y comprendre en autres que du Taillon, fans approbation d'icelui; & fauf de fe pourvoir comme ils verront être à faire en iceux, ladite Ville de Bordeaux, comme ne pouvant & ne devant l'être: Et pareillement faire inhibitions & défenfes au Receveur du Taillon de ladite Ville, de n'expedier aucunes quittances pour bailler en payement à aucunes Perfonnes fur les Habitans d'icelle, pour raifon defdites impofitions, pour la fortification des Châteaux Trompette & de la Ville de Bayonne, que autres, & où il en auroit expedié aucunes, faire femblables inhibitions à ceux qui les auront prifes, pour faire recouvrement fur iceux, de les y contraindre, à peine de 10000. écus. Réponfe du Procureur General du Roy, que les Elûs oüis, dira en la Cour ce qu'il appartiendra. Autre Requête pour interiner la

precedente

precedente appointée, viennent les Parties & ledit Procureur General du Roy en la Chambre. Privileges de la Ville de Bordeaux, où est contenu l'article. *Item*, que les Habitans d'icelle demeureront dorésnavant francs, quittes & exempts de toutes Tailles & cruës d'icelles mises & à mettre sus en nôtre Royaume. Confirmation desd. Privileges par le Roy Henry, l'an 1550. Verification d'iceux au Grand Conseil, du second Septembre audit an, & en la Cour de Parlement dudit Bordeaux, le dix-septiéme desdits mois & an, & en la Chambre des Comptes le 14. Fevrier ensuivant, & en la Cour des Aydes le 27. du même mois. Autres Lettres de confirmation du Roy Charles, du mois de Janvier 1560. Aussi autres Lettres Patentes de confirmation du mois de Juillet 1583. Autres Lettres Patentes de confirmation desdits Privileges du Roy Henry à present regnant, du 31. Mars 1690. Verification & enregistrement desdites Lettres de confirmation, par Arrêt de la Cour du Parlement dudit Bordeaux, du premier Août 1592. Edit du Roy, donné à Paris le 6. Fevrier 1598. signé par le Roy, Forget, par lequel est porté qu'au payement des Tailles soient compris ceux qui sont de condition roturiere, nonobstant leur affranchissement puis vingt ans, & même des Elections qui ont obtenu privilege moyenant quelque somme, & lesquels privileges sont revoquez, comme pareillement de toutes Villes, Bourgs & Villages, qui pour quelque cause & raison que ce soit ont obtenu exemption, y soient compris à proportion de leurs facultez, sauf & reservé toutefois les Villes capitales des Provinces & Villes des frontiers. Enregistrement dudit Edit en la Cour dudit Parlement le   & au Bureau de la Generalité de Guyenne, le second de Mars audit an. Lettres Patentes du Roy Henry, du 5. de May 1558. où est mandé que les Habitans de Bordeaux ne soient dorésnavant compris ne cottisez aux reparations & fortifications, ains qu'ils soient rayez des Rolles. Autres Patentes du Roy Charles, du 22. Juin 1563. par lesquelles suivant les exemptions & privileges octroyez par les feus Rois, est mandé qu'ils sont exempts desdites fortifications. Autres Lettres du Roy Charles, du 12. May 1567. où l'adresse est à la Chambre des Comptes, pour tenir quittes & exempts les Habitans dudit Bordeaux des commissions qui ont été faites & qui pourront par ci-aprés être expediées pour le fait desd. fortifications, verification en la Chambre des Comptes, du 9. Juillet 1567. Etat envoyé pour imposer sur la Generalité de Guyenne, & sur les contribuables à la Taille, la somme de dix-neuf mille huit cens trente écus vingt-deux sols, pour l'année courante quatre-vingts dix-neuf. Ordonnance des Tréforiers Generaux de Guyenne, du 3. du prefent mois de Janvier 1599. par lequel eft mandé aux Elûs de proceder à l'impofition, affiette & département de ladite fomme de dix-neuf mille huit cens trente écus, vingt-deux fols, fur la Sénéchauffée de l'Election de Guyenne & Bordelois, pour fa part & portion de la fomme de neuf vingts cinq mille écus avec les frais neceffaires, & ce fur les contribuables au Taillon. Autres Lettres Patentes données à Monceaux le 10. Novembre dernier, par lefquelles eft mandé aux Tréforiers d'impofer fur ladite Generalité de Guyenne la fomme de deux cens vingt-deux mille deux cens vingt-deux écus trente fols pour le Taillon & cruës, mandement defdits Elûs des 12. & 15. Janvier dernier, & oüi les Jurats en la Cour, enfemble le Procureur General qui a confenti. DIT A E'TE' que la Cour ayant égard à ladite Requête, a delaré & declare la Ville de Bordeaux exempte defdites impofitions concernant lefdites fortifications, garnifons & autres impofées fur les contribuables aux Tailles, faifant inhibitions & défenfes, tant aux Tréforiers qu'aux Elûs de les comprendre éfdites cottifations, & aux Receveurs generaux & particuliers de bailler aucune affignation, mandement au contraire fur eux, à peine de quatre mille écus, de tous dépens, dommages & interêts & autres arbitraires. Prononcé à Bordeaux en Parlement, le douziéme jour de Fevrier 1599.

Ainfi figné, DE PONTAC.

Le dix-feptiéme Fevrier 1599. le prefent Arrêt a été fignifié aux Elûs en l'Election de Guyenne, & à iceux fait inhibitions y contrevenir, parlant à Maître Jean Barbot un defdits Elûs, qui a pris copie, & répondu qu'il en communiquera à fa Compagnie.

Auffi a été fignifié à Maître Jean de Jean, Receveur du Taillon, & à icelui fait mêmes inhibitions, parlant à lui trouvé en fon logis, qui a pris copie fans faire réponfe.

Et partant que befoin feroit a été fignifié à Noffieurs les Tréforiers Generaux en la Generalité de Guyenne, & à iceux fait mêmes inhibitions, parlant à Maître Antoine Fumoze, Commis du Greffier defdits Sieurs Tréforiers, auquel a été baillé copie, & enjoint les avertir. Fait le 19. Fevrier 1599. Signé, BOURDEAU.

LETTRES PATENTES DU ROY
Henry IV. portant confirmation des Privileges de la Ville de Bordeaux.

HENRY par la grace de Dieu, Roy de France & de Navarre: A tous prefens & à venir, SALUT. Sçavoir faifons, que Nous desirans bien & favorablement traiter nos trés-chers & bien amez les Maire & Jurats de nôtre Ville de Bordeaux, en consideration du bon devoir & fidelité qu'ils ont renduë pour la conservation de ladite Ville en nôtre obéïssance. Et inclinant liberalement pour ces considerations & autres à ce Nous mouvans, à leur supplication & Requête, à ce qu'il Nous plût leur confirmer les Privileges & immunitez à eux concedées & confirmées par tous nos Predecesseurs Rois, même par nôtre trés-honoré Sieur & frere le Roy Henry dernier décedé, Avons ausdits Habitans confirmé, approuvé & continué, confirmons, approuvons & continuons par ces Presentes, de nôtre grace speciale, pleine puissance & autorité Royale, tous & chacuns lesdits Privileges à eux octroyez par nosdits Predesseurs Rois, pour en joüir & user par lesdits Supplians & leurs Successeurs à venir, ainsi qu'il en ont ci-devant bien & dûement joüi & usé, joüissent & usent encore à present. SI DONNONS EN MANDEMENT à nos amez & feaux les Gens tenans nôtre Cour de Parlement de Bordeaux, Chambre de nos Comptes, Trésoriers Generaux de France, Sénéchal de Guyenne ou son Lieutenant, & à tous nos autres Justiciers & Officiers qu'il appartiendra, que de nos presentes confirmations & contenu ci-dessus, ils fassent, souffrent & laissent joüir & user lesdits Supplians & leurs Successeurs, pleinement, paisiblement & perpetuellement, sans leur faire ni souffrir leur être fait, mis, ou donné aucun trouble ou empêchement au contraire : ains si fait étoit, le fassent ôter & mettre incontinent & sans délai au premier état & dû : C A R tel est nôtre plaisir, nonobstant quelconques Edits, Ordonnances, Mandemens, Défenses & Lettres à ce contraires ; Et afin que ce soit chose ferme & stable à toûjours, Nous avons fait mettre nôtre Scel à cesdites Presentes, sauf en autre chose nôtre droit, & l'autrui en toutes. D O N N E' à Paris au mois d'Octobre, l'an de grace mil six cens deux, & de nôtre Regne le quatorziéme. Signé, H E N R Y ; Et plus bas sur le repli, Par le Roy, F O R G E T, & scellé du grand Sceau de cire verte en lacs de soye à double queuë. Et sur ledit repli est écrit, registrées en la Chambre des Comptes, oui le Procureur General du Roy, pour joüir par les Impetrans de l'effet & contenu en icelles, selon leur forme & teneur, ainsi qu'il est contenu au Registre de ce jour dernier Decembre 1604. Signé, D e l a F o n t a i n e. Et à côté, C o n t e n t o r, P a r o c h e l.

V e U par la Chambre les Lettres Patentes du Roy en forme de Chartres données à Paris au mois d'Octobre 1602. signées, Henry ; Et fur le repli, Par le Roy, Forget, obtenuës par les Maire & Jurats de la Ville de Bordeaux, par lefquelles Sa Majefté leur a confirmé, approuvé & continué tous & chacuns les Privileges à eux octroyez par les feus Rois fes Predeceffeurs, pour en joüir, comme plus au long le contiennent lefdites Lettres : Veu auffi la copie collationnée en parchemin par de Pontac Secretaire du Roy, defd. Privileges du mois d'Août 1550. l'Extrait de l'onziéme article des remontrances prefentées au Roy par les Maire, Jurats de ladite Ville du mois d'Août 1580. & deux autres Lettres de confirmation defdits Privileges du mois de Juillet enfuivant : Autres Lettres Patentes du Roy données à Fontainebleau, le 6. Novembre dernier, contenant relief de furannation defdites Lettres du mois d'Octobre 1602. & Mandement exprés à ladite Chambre de proceder à la verification d'icelles felon leur forme & teneur : Requête prefentée par lefdits Impetrans aux fins de ladite verification : Conclufions du Procureur General du Roy, & tout confideré. La Chambre en interinant lefd. Lettres, a ordonné & ordonne qu'elles feront regiftrées, pour joüir par les Impetrans de l'effet & contenu en icelles felon leur forme & teneur. Fait le dernier jour de Decembre 1604. Au deffous eft écrit, Extrait des Regiftres de la Chambre des Comptes.

Signé, **DE LA FONTAINE.**

SUR la Requête prefentée à la Chambre par les Jurats & Gouverneurs de la Ville de Bordeaux, prenant le fait & caufe pour Maître Dorde Toriffon Tréforier & Receveur des deniers patrimoniaux d'icelle, contenant qu'à la Requête du Procureur General du Roy, ledit Toriffon auroit été ajourné en ladite Chambre en qualité de Receveur des deniers communs, pour venir compter du fait & maniement de ladite Charge depuis qu'il a icellé exercé. Sur quoi remontrons que ledit Toriffon n'eft en aucune façon tenu de venir compter en icelle Chambre dudit maniement, n'étant Officier du Roy, ni d'autre, ains feulement commis par eux à la recette au revenu domanial de ladite Ville, duquel revenu il compte de fix mois en fix mois pardevant eux, & non ailleurs, requeroient à ces caufes lefdits Suppplians, attendu qu'il n'a jamais été compter en ladite Chambre dudit maniement, qu'il plût à icelle ordonner, qu'ils demeureront déchargez de ladite affignation, enfemble des frais que l'Huiffier pourroit prétendre pour raifon d'icelle, ainfi qu'il eft contenu en ladite Requête : Veu laquelle, l'Exploit d'affignation y mentionné, fait par Trudelle Huiffier le 15. Decembre 1599. Conclufions du Procureur General du Roy, & tout confideré. La Chambre a ordonné & ordonne, que rappoatant certification des Officiers des Lieux, le Procureur du Roy prefent, comme il n'y a en ladite Ville aucuns deniers communs & d'octroi, fera fait droit. Fait le onziéme jour de Fevrier 1603. *& au deſſous écrit.* Extrait des Regiſtres de la *Chambre des Comptes.* Signé, LE PREVOST.

LEs Gens des Comptes du Roy nôtre Sire, au Sénéchal de Guyenne, ou ſon Lieutenant à Bordeaux, veuë la Requête à Nous preſentée par les Jurats Gouverneurs de la Ville de Bordeaux, prenant le fait & cauſe pour Maître Dorde Toriſſon leur Receveur, contenant qu'avant proceder à l'interinement d'une Requête par eux à Nous preſentée, afin d'être déchargez de l'aſſignation donnée à la Requête dudit Procureur General audit Toriſſon, pour venir compter leſdits deniers communs de ladite Ville, avons ordonné que rapportant certification des Officiers des Lieux, le Subſtitut dudit Procureur General preſent, comme il n'y a en ladite Ville aucuns deniers communs & d'octroi, leur ſeroit fait droit, laquelle ils diſent qu'ils ne peuvent obtenir des Officiers, requeroient à ces cauſes qu'il Nous plût decerner nos Lettres de commiſſion à vous adreſſantes, à l'effet que deſſus, ainſi que contient ladite Requête; & tout conſideré, Nous vous mandons & commettons par ces Preſentes, qu'appellé avec vous le Subſtitut du Procureur General, ayez à Nous donner avis, s'il y a aucuns deniers communs en ladite Ville, ou non, quels, & en quoi ils conſiſtent, Nous envoyant pour ce vôtre certification, pour icelle vûë être par Nous fait droit aux Parties ſur le contenu de leur Requête, ainſi que de raiſon. Donné en la Chambre deſdits Comptes le 10. Mars 1603.

Signé, LE PREVOST.

SUR la Requête preſentée à la Chambre par les Jurats & Gouverneurs de la Ville de Bordeaux, prenant le fait & cauſe pour Maître Dorde Toriſſon Tréſorier & Receveur des deniers patrimoniaux de ladite Ville, contenant qu'avant proceder à la décharge par eux requiſe de l'aſſignation donnée audit Toriſſon en qualité de Receveur des deniers communs, pour venir compter du fait & maniement de ladite charge, elle auroit le onziéme Fevrier dernier ordonné, que rapportant certification des Officiers des Lieux, le Procureur du Roy preſent, comme il n'y avoit aucuns deniers communs & d'octroi en ladite Ville, ſeroit fait droit. Requeroient, attendu qu'ils rapportoient ladite certification ſolemnellement faite en la preſence dudit Procureur du Roy, qu'il plût à ladite Chambre les décharger, enſemble ledit Toriſſon de ladite aſſignation, & faire défenſes à tous Huiſſiers de plus à l'avenir faire bailler telles aſſignations, ſur peine de l'amende, & de tous dépens, dommages & interêts, ainſi que le contient ladite Requête: veu laquelle, ledit Arrêt dudit onziéme Fevrier dernier, & commiſſion de ladite Chambre ſur icelui, deſdits jour & an, ladite certification faite *le second jour du present mois & an, pardevant le Lieutenant Particulier en la Sénéchauffée de Guyenne audit Bordeaux, qu'il n'y a aucuns deniers en la Maison commune de ladite Ville sujets à compter en ladite Chambre, dautant qu'ils sont tous patrimoniaux, & de l'ancien Domaine d'icelle, même les trois mille livres qu'ils prennent par chacun an sur les deniers de la grande & petite Coûtume, & tout consideré : La Chambre a ordonné & ordonne, que les Supplians seront déchargez des comptes, ensemble ledit Torisson déchargé de l'assignation à lui donnée. Fait le 30. Decembre 1603.*

Et au dessous écrit. Extrait des Regiftres de la Chambre des Comptes. Signé, LE PREVOST. Et au dos est écrit.

L'AN mil six cens quatre, & le treiziéme Août le present Arrêt a été dûëment montré & signifié, & d'icelui baillé copie à Monsieur le Procureur General du Roy en ladite Chambre, en parlant à Michel Lamy son Commis en son Parquet, & enregistré au Registre des délais de ladite Chambre en la maniere accoûtumée, par moi Huissier en icelle soussigné.
Signé, P. BRIGAILLER.

LETTRES PATENTES DU ROY
Loüis XIII. portant confirmation des Privileges de la Ville de Bordeaux.

LOUIS par la grace de Dieu, Roy de France & de Navarre : A tous presens & à venir ; SALUT. Sçavoir faisons, que Nous desirans bien & favorablement traiter nos chers & bien amez les Maire & Jurats, Manans & Habitans de nôtre bonne Ville de Bordeaux, en confideration du bon devoir & fidélité qu'ils ont toûjours fait paroître, tant au feu Roy Henry dernier décedé nôtre trés-honoré Seigneur & Pere, que Dieu abfolve, qu'à nos autres Predecesseurs Rois, & qu'ils Nous ont presentement fait confirmer par nos bien amez M. Pierre Mirat & Jean d'Arnal leurs Députez. Et inclinant liberalement à la supplication & Requéte qu'ils Nous ont fait tendant à ce qu'il Nous plût leur confirmer les Privileges & immunitez à eux accordées par nosdits Predecesseurs Rois, & par eux confirmez de temps en temps, mêmement par nôtredit trés-honoré feu Seigneur & Pere. A CES CAUSES, après avoir fait voir les Privileges & confirmations susdites ci-attachez sous le Contrescel de nôtre Chancellerie, & de l'avis de la Reine nôtre trés honoréc Dame

& Mere, Avons aufdits Maire & Jurats, Manans & Habitans de nôtre-dite Ville de Bordeaux, confirmé, approuvé & continué, & par ces Prefentes, de nôtre grace fpeciale, pleine puiffance & autorité Royale, confirmons, approuvons & continuons tous & chacuns lefdits Privileges à eux octroyez par nofdits Predeceffeurs Rois, pour en joüir & ufer par lefdits Supplians & leurs Succeffeurs à venir, ainfi qu'ils en ont ci-devant bien & dûëment joüi & ufé, joüiffent & ufent encore à prefent. SI DONNONS EN MANDEMENT à nos amez & feaux les Gens tenans nôtre Cour de Parlement de Bordeaux, Chambre de nos Comptes à Paris, Tréforiers Generaux de France, Sénéchal de Guyenne ou fon Lieutenant, & à tous nos autres Jufticiers & Officiers qu'il appartiendra, que de nos prefentes confirmations & contenu ci-deffus ils faffent, fouffrent & laiffent joüir & ufer lefdits Supplians & leurs Succeffeurs pleinement, paifiblement & perpetuellement, fans leur faire, ni fouffrir leur être mis ou donné aucun trouble ou empêchement au contraire : ains fi fait étoit, le faffent ôter incontinent & fans délai au premier état & dû : CAR tel eft nôtre plaifir, nonobftant quelconques Edits, Ordonnances, Mandemens, Défenfes & Lettres au contraire. Et afin que ce foit chofe ferme & ftable à toûjours, Nous avons fait mettre nôtre Scel à cefdites Prefentes, fauf en autres nôtre droit, & l'autrui en toutes. DONNE' à Paris au mois de Juin, l'an de grace 1610. Et de nôtre Regne le premier. Signé, LOUIS ; Et fur le repli, Par le Roy, la Reine Regente fa Mere, prefente. PHELYPEAUX ; Et fcellé du grand Sceau de cire verte en lacs de foye à double queuë. Et fur le repli eft écrit. Regiftrées en la Chambre des Comptes, oüy le Procureur General du Roy, pour joüir par les Impetrans de l'effet & contenu en icelles, comme ils en ont ci-devant bien & dûëment joüi, & aux charges contenuës en l'Arrêt d'aujourd'hui 12. Juillet 1610. Signé, BOURLON.

VEU par la Chambre les Lettres Patentes du Roy en forme de Chartre. Données à Paris au mois de Juin dernier. Signé, LOUIS ; Et fur le repli, Par le Roy, la Reine Regente fa Mere prefente. Phelypeaux ; Et à côté. Vifa, Contentor, le Clerc, obtenuës par les Maire & Jurats, Manans & Habitans de la Ville de Bordeaux, par lefquelles, & pour les caufes y contenuës, ledit Sieur leur a confirmé, approuvé & continué tous & chacuns les Privileges à eux octroyez par fes Predeceffeurs Rois de France, pour en joüir & ufer ainfi qu'ils en ont ci-devant bien & dûëment joüi & ufé, joüiffent & ufent encore à prefent, comme plus au long le contiennent lefdites Lettres à autres precedens Privileges, concedez aufdits Imp-

trans par les Predeſſeurs Rois de France, même le dernier d'iceux du feu Roy décedé du mois d'Octobre 1602. verifié en ladite Chambre le dernier Decembre 1604. Requête à elle preſentée par leſdits Impetrans, afin de verification deſdites Lettres, Concluſions du Procureur General du Roy: Et tout conſideré: La Chambre en interinant leſdites Lettres, a ordonné & ordonne que les Impetrans joüiront de l'effet & contenu en icelles, comme ils en ont ci-devant bien & düëment joüi, &, à la charge de compter des deniers de ladite Ville, dont ils doivent compter, ſi aucuns y en a. Fait le 12. jour du mois de Juillet 1610. Au deſſous eſt écrit, Extrait des Regiſtres de la Chambre des Comptes. Signé, BOURLON.

Regiſtrées ſuivant l'Arrêt de la Cour hui donné. A Bordeaux en Parlement le 21. Decembre 1610.

EXTRAIT DES REGISTRES DE PARLEMENT.

VEU par la Cour la Requête à elle preſentée le 17. du mois de Novembre dernier par les Maire & Jurats, Gouverneurs de Bordeaux, aux fins de la verification & enregiſtrement des Lettres Patentes de confirmation de leurs Privileges à eux oĉtroyez par le Roy, réponſe de du Sault pour le Procureur General du Roy, auquel ladite Requête a été montrée de l'Ordonnance de ladite Cour, qui conſent à l'enregiſtrement deſdites Lettres, pour joüir par leſdits Maire & Jurats du contenu auſdits Privileges & Lettres Patentes, tout ainſi qu'ils en ont ci-devant bien & düëment joüi & joüiſſent encore de preſent ſuivant la volonté du Roy: extrait düëment collationné deſdits Privileges; autres confirmations d'iceux, & Arrêts ſur ce donnez par ladite Cour, leſdites Lettres Patentes de confirmation du Roy, dont eſt requiſe la verification. Données à Paris au mois de Juin dernier. Signées, LOUIS; Et ſur le repli, Par le Roy, la Reine Regente ſa Mere, preſente, Phelypeaux; enregiſtrées en la Chambre des Comptes audit Paris; & autre Requête hui preſentée aux fins de la ſuſdite. Dit a été, ayant égard à ladite Requête, que la Cour a ordonné & ordonne que leſdites Lettres de confirmation ſeront regiſtrées és Regiſtres d'icelle, pour joüir par leſdits Maire & Jurats & leurs Succeſſeurs du contenu en icelles, comme leurs Prédeceſſeurs en ont bien & düëment joüi & uſé. Prononcé à Bordeaux en Parlement le 20. jour du mois de Decembre 1610.

Signé, DE PONTAC.

Regiſtrées és Regiſtres du Bureau des Finances en Guyenne, ſuivant l'Ordonnance du jourd'hui 20. Decembre 1610.

Signé, LA CHEZE.

LES *Tréforiers de France Generaux des Finances en Guyenne : Veu par Nous les Lettres Patentes du Roy en forme de Chartre, données à Paris au mois de Juin dernier. Signé , LOUIS ; Et fur le repli , Par le Roy, la Reine Regente fa Mere, prefente. Phelypeaux , & à côté. Vifa , Contentor , le Clerc , & fcellées de cire verte en lacs de foye rouge & verte , obtenuës par les Maire & Jurais , Manans & Habitans de la Ville de Bourdeaux , par lefquelles , & pour les caufes y contenuës , Sa Majefté a confirmé , approuvé & continué aufdits Habitans les Privileges à eux ci-devant accordez par les feus Rois fes Predeceffeurs, pour en joüir & ufer par lefdits Habitans , ou leurs Succeffeurt à venir , ainfi qu'ils ont ci-devant bien & dûëment joüi & ufé, joüiffent & ufent encore à prefent, fans fouffrir qu'il leur foit fait aucun trouble ou empêchement au contraire , ainfi que plus au long le contiennent lefdites Lettres : Veu auffi l'Acte d'enregiftrement fait en la Chambre des Comptes daté du 12. jour de Juillet 1610. Signé , Bourlon ; & en la Cour de Parlement de Bordeaux le 20. jour de Decembre auffi dernier. Signé , de Pontac ; & à la Requête à Nous ce jourd'hui prefentée aux fins de verification & enregiftrement defdites Lettres , defquelles en tant qu'à Nous eft , confentons l'interinement & accompliffement, pour joüir par les Impetrans de l'effet contenu en icelles, tout ainfi que le Roy le veut & mande par icelles , à la charge de faire état pardevant Nous des deniers dont ils font chargez & doivent compter , fuivant l'Arrêt de la Chambre des Comptes. A ces fins feront lefdites Lettres & Privileges regiftrées és Regiftres du Bureau des Finances en Guyenne , pour y avoir recours quand befoin fera. Donné à Bordeaux au Bureau des Finances en Guyenne le 29. jour de Decembre 1610. Ainfi fignez , Cauffet , Genefte , Martin , de Pichon, Rabiaut. Et au deffous eft écrit. Par les Tréforiers Generaux de France en Guyenne, DE LA CHEZE , Greffier.*

Collationné aux Originaux par moi Confeiller & Secretaire du Roy.

LETTRES PATENTES DU ROY
Loüis XIII. concernant la garde des Clefs de la Ville de Bordeaux.

LOUIS par la grace de Dieu, Roy de France & de Navarre: A tous prefens & advenir Salut. Les feus Rois nos Predeceffeurs confiderans la bonne affection & grande fidélite envers eux, leur Etat & Couronne, de nos bien amez les Maire & Jurats de nôtre Ville de Bordeaux, leur auroient entre autres chofes donné par privilege fpecial la garde, maniement & gouvernement des clefs des Portes de nôtredite Ville & Tours qui font fur les murailles d'icelle, fans qu'autres qu'eux en ayent eu la garde. Ce qui leur auroit été de temps en temps confirmé, même par le feu Roy nôtre trés-honoré Seigneur & Pere, que Dieu abfolve, par fes Lettres Patentes du mois de Juillet 1591. dont les copies de Vidimus font ci-attachées fous le Contrefcel de nôtre Chancellerie : Ayant égard que par leur bonne conduite & grande fidélité, affiftez des pricipaux Officiers étans en nôtredite Ville, meûs de pareille affection, icelle auroit été confervée en fon obéïffance, fans s'en être aucunement départie pendant les derniers troubles qui auroient eu cours en ce Royaume, laquelle affection & fidélité à nôtre Service ils auroient témoigné depuis nôtre avenement à ces Etats & Couronne, étans venus des premiers vers Nous, pour Nous affurer d'icelle, & faire toutes les foumiffions à ce requifes. Et dautant que ne leur ayant encore confirmé ladite garde & maniement des clefs, ils craignent d'y pouvoir être troublez, s'ils n'ont nos Lettres à ce requifes & neceffaires, ils Nous ont fupplié & requis les leur vouloir octroyer. Sçavoir faifons, que Nous voulans bien & favorablement traiter lefdits Maire & Jurats de nôtredite Ville de Bordeaux, pour la bonne affection & fidélité qu'ils ont toûjours témoigné avoir à cet Etat & Couronne, & au bien de nos affaires & Service, & leur donner fujet d'y continuer & perfeverer, Avons de l'avis de la Reine Regente nôtre trés-honorée Dame & Mere, à iceux continué & confirmé, continuons, confirmons par ces Prefentes fignées de nôtre main ledit Privilege de la garde, maniement & gouvernement des clefs de nôtredite Ville & Tours, pour d'icelui joüir & ufer par eux & leurs Succeffeurs, ainfi qu'ils ont ci-devant bien & dûement joüi & ufé, joüiffent & ufent encore de prefent, fans qu'autres qu'eux fe puiffent entremettre de ladite garde. SI DONNONS EN MANDEMENT à nos amez & feaux Confeillers les Gens tenans nôtre Cour de Parlement de Bordeaux, que de nos prefentes confirmations & contenu ci-deffus ils faffent, fouffrent & laiffent lefdits Maire & Jurats & leurs Succeffeurs joüir & ufer pleinement & paifiblement, ceffant & faifant ceffer tous troubles & empêchemens au contraire : C A R tel eft nôtre plaifir ; Et afin que ce foit chofe ferme & ftable à toûjours, Nous avons fait mettre nôtre Scel à cefdites Prefentes, fauf en autres chofes nôtre droit & l'autrui en toutes. Donné à Paris au mois de Fevrier, l'an de grace 1612. & de nôtre Regne le deuxiéme. Ainfi figné fur le repli, Par le Roy, la Reine Regente fa

Mere, presente. Phelypeaux ; Et au dos, *Regiſtrata.* Et ſcellé du grand Scel de cire verte à lacs de ſoye verte & rouge pendans à double queuë.

ARREST DE LA COUR DE PARLEMENT

de Bordeaux, contenant défenſes aux Eſleus de à l'avenir taxer & cottiſer ladite Ville de Bordeaux, au-deſſous la ſomme de dix mille livres pour ſa part du Taillon, ſans préalablement en avoir communiqué à ladite Cour.

Extrait des Regiſtres de Parlement.

ENTRE les Maire & Jurats de la Ville de Bordeaux, Appellans du département & ſurtaxe faite par les Eleus en l'Election de Guyenne du Taillon, gages des Preſidiaux & autres deniers impoſez ſur la Sénéchauſſée de Guyenne, d'une part : Et les Eleus de ladite Election Intimez, d'autre. Oüis Duval Avocat en la Cour, & Chapellas, Jurats de lad. Ville, pour leſd. Maire & Jurats, & du Burc & Jehannet Eleus, enſemble du Saut pour le Procureur General du Roy : La Cour a mis & met l'appellation & ce dont a été appellé au néant, a ordonné & ordonne, que pour la preſente année la Ville de Bordeaux & Fauxbourgs d'icelle ne ſeront cottiſez pour leur part de Taillon qu'à la ſomme de dix mille livres, & à même proportion des gages des Preſidiaux & autres deniers impoſez ſur la Sénéchauſſée de Guyenne, ſauf aux années ſubſequentes d'icelle ſomme augmenter ou diminuer. Et néanmoins fait ladite Cour inhibitions & défenſes aux Eleus de à l'avenir taxer & cottiſer ladite Ville de Bordeaux & Fauxbourgs d'icelle, au-deſſus ladite ſomme de dix mille livres pour ſa part du Taillon, ſans préalablement en avoir communiqué à ladite Cour, à peine de mille livres, & de répondre des dépens, dommages & interêts de ladite Ville. FAIT à Bordeaux en Parlement le 7. Fevrier 1618. Signé, DE FAU.

Le 9. de Fevrier 1618. le preſent Arrêt a été ſignifié aux Eleus de Guyenne, parlant à Maître Jean du Brueil l'un deſdits Eleus trouvé en Ville, qui a pris copie, & dit qu'il en avertira ſes Collegues. Signé, DE CALOT.

Collationné aux Originaux par moi Conſeiller & Secretaire du Roy.

LETTRES PATENTES DU ROY

Loüis XIV. portant confirmation des Privileges de la Ville de Bordeaux.

LOUIS par la grace de Dieu, Roy de France & de Navarre : A tous presens & à venir, SALUT. Sçavoir faisons, que Nous desirant & favorablement traiter nos chers & bien amez les Maire & Jurats, Manans & Habitans de nôtre Ville de Bordeaux, en consideration du devoir & fidelité qu'ils ont fait paroître, tant au feu Roy Loüis dernier décedé nôtre trés-honoré Seigneur & Pere, que Dieu absolve, qu'à nos autres Predecesseurs Rois, & qu'ils Nous ont pleinement fait confirmer par le Sieur de Blanc Procureur Syndic de nôtredite Ville & Député d'icelle ; & inclinant liberalement à la supplication qu'ils Nous en a faite de leur confirmer les Privileges, immunitez & exemptions à eux accordées par nosdits Predecesseurs Rois, par eux confirmées de temps en temps, mêmement par nôtredit trés-honoré Seigneur & pere, de l'avis de la Reine Regente nôtre trés-honorée Dame & Mere, & aprés avoir fait voir à nôtre Conseil les Privileges & confirmations susdites ci-attachez sous nôtre Contrescel, avons ausdits Maire & Jurats, Manans & Habitans de nôtredite Ville de Bordeaux, confirmé, approuvé & continué, & de nôtre grace speciale, pleine, puissance & autorité Royale, par ces Presentes signées de nôtre main, confirmons, approuvons & continuons tous chacuns lesdits Privileges à eux octroyez par nosdits Predecesseurs Rois, pour en joüir & user par lesdits Supplians & leurs Successeurs à venir, ainsi qu'ils en ont ci devant bien & dûëment joüi & usé, joüissent & usent encore à present. SI DONNONS EN MANDEMENT à nos amez & feaux les Gens tenans nôtre Cour de Parlement de Bordeaux, Chambre de nos Comptes à Paris, Tréforiers Generaux de France, Sénéchal de Guyenne ou son Lieutenant, & à tous nos autres Justiciers & Officiers qu'il appartiendra, que de nos presentes confirmations & contenu ci-dessus ils fassent, souffrent & laissent joüir & user lesdits Supplians & leurs Successeurs, pleinement, paisiblement & perpetuellement, cessant & faisant cesser tous troubles & empêchemens : CAR tel est nôtre plaisir, nonobstant quelconques Edits, Ordonnances & Défenses, Arrêts & Lettres à ce contraires, oppositions ou appellations quelconques, & sans préjudice d'icelles ; desquelles si aucunes interviennent, Nous en refervons la connoissance à nôtre Conseil, & icelle interdite à tous autres ; Et afin que ce soit

chofe ferme & ftable à toûjours, Nous avons fait mettre nôtre Scel
à cefdites Prefentes. D o n n e' à Paris au mois de Septembre, l'an
de grace mil fix cens quarante-trois, & de nôtre Regne le premier.
Signé, L O U I S ; Et fur le repli, Par le Roy, la Reine Regente fa
Mere, prefente. P h e l y p e a u x.

Regiftrées en la Chambre des Comptes : Oüi le Procureur General du Roy,
pour être executées felon leur forme & teneur, & joüir par les Impetrans
de l'effet & contenu en icelles, ainfi qu'ils en ont bien & düement joüi par
le paffé, & joüiffent encore prefentement, fuivant & aux charges por-
tées par l'Arrêt fur ce fait le 23. *May* 1716. Signé , N O B L E T.

ARREST DU CONSEIL D'ETAT DU ROY,

qui maintient & garde les Bourgeois & Habitans de la Ville
de Bordeaux, enfemble les Communautez Seculieres &
Regulieres d'icelle, dans le droit & poffeffion de joüir &
tenir des Fiefs & autres Biens nobles.

Extrait des Regiftres du Confeil d'Etat.

S U R les Requêtes refpectivement prefentées au Roy étant en fon
Confeil, l'une par les Maire & Jurats de la Ville de Bordeaux, &
l'autre par Maître Claude Vialet, chargé par Sa Majefté du recouvrement des taxes faites pour les francs-fiefs, celle defdits Sieurs Maire
& Jurats, contenant que le franc-alleu eft naturel dans le Bordelois ;
& comme tel exempt, non feulement de tous droits feodaux, mais de
toutes fortes de devoirs ordinaires & extraordinaires, & qu'outre la
difpofition du droit commun, par la feule raifon de laquelle par deux
Arrêts du Confeil d'Etat des années 1667. & 1670. Sa Majefté a
maintenu les Habitans de Languedoc aux droits de tenir leurs biens
en franc-alleu roturier, purement & fimplement, & par provifion au
franc-alleu noble, la Ville de Bordeaux à un autre titre authentique
paffé il y a plus de quatre fiecles dans la convocation generale faite par
Edoüard Roy d'Angleterre, comme Duc de Guyenne, pour la prefta-
tion des hommages dudit Duché, par lequel titre il demeure juftifié
que de tout temps, & depuis la conftruction de la Ville de Bordeaux,
fes Habitans font en poffeffion de tenir leurs biens allodialement &
avec toute forte de franchife, & qu'ils ont non feulement des Domaines allodiaux, mais des cenfives & autres droits, fous la Loi defquels

les Proprietaires defdits Domaines en ont baillé partie à d'autres, que lefdits Habitans ont toûjours joüi de cette allodialité ; & que fi le droit en a été par fois contefté, il a été confirmé, comme une chofe conf- tante, non feulement par des Arrêts du Parlement de Bordeaux, mais par des Ordonnances des Commiffaires départis par Sa Majefté en lad. Province, même par un Arrêt du Confeil donné en faveur d'un Habitant de Bordeaux contre Euldes & Huguëny en 1668. au préjudice de quoi, & de ce que les Bourgeois & Habitans de ladite Ville, Communautez Seculieres & Regulieres d'icelle ont joüi de tout temps, or la faculté de tenir des fiefs, comme les veritables Nobles, fans être pour raifon de ce fujets à aucune finance en confequence du traité fait avec le Roy Charles V I I. en 1451. par les Gens des trois Etats de ladite Ville, lors qu'elle fe mit fous fon obéïffance, lequel traité porte par exprés que les Habitans de ladite Ville demeureront exempts de toutes im- pofitions de fubfides, & que par Lettres Patentes de Sa Majefté du mois de Septembre 1643. confirmatives de celles des Rois fes Prede- ceffeurs, les immunitez des Habitans de ladite Ville de Bordeaux ont été confirmées, & que par divers Jugemens des Commiffaires députez pour l'execution des Declarations données fur le fait des francs-fiefs & nouveaux acquêts, Maître Claude Vialet, fes Procureurs & Com- mis, en vertu de l'Arrêt du Confeil d'Etat du 28. Janvier dernier, veulent prendre le revenu de deux années, non feulement fur les fiefs & nouveaux acquêts defdits Habitans & Communautez ; mais fur les alleus ; ce qui choque directement l'immunité naturelle defdits alleus, qui ne peuvent être confondus avec les fiefs ni avec les franches Bour- gades & alleus privilegiez qui émanent originairement de la Couron- ne ou des fiefs réünis en icelle, en l'immunité de toutes fortes d'im- pôts & fubfides quelconques accordées à ladite Ville & à fes Habitans par ledit traité de 1451. & en laquelle ils ont toûjours été maintenus tout autant de fois que l'on les a recherchez pour la taxe defdits francs-fiefs. A CES CAUSES, requeroient les Supplians qu'il plût à Sa Majefté declarer n'avoir entendu comprendre dans ledit Arrêt du 28. Janvier 1673. les alleus du Païs Bordelois, comme étant naturels, ni affujettir les Habitans de ladite Ville de Bordeaux, Communautez Seculieres & Regulieres d'icelle au payement d'aucune finance pour lefdits francs-fiefs & nouveaux acquêts, ni pour la confirmation de l'immunité de la finance, non plus que pour les alleus nobles & ro- turiers, & en les maintenant & confervant au droit & poffeffion de tenir leurs alleus franchement & avec immunité de toutes fortes de droits & devoirs, décharger en tant que de befoin les Habitans &

Communautez Seculieres & Regulieres de ladite Ville de toutes fortes de taxes faites & à faire concernant lefdits alleus, tant nobles que
roturiers, francs-fiefs & nouveaux acquêts, avec défenfes audit Vialet & tous autres de les troubler, ni rechercher ci-aprés, fous les peines qu'il plaira à Sa Majefté ordonner. La Requête dudit Vialet contenant qu'il ne prétend contefter les Privileges de ladite Ville de Bordeaux, & que les deux années de joüiffance qu'il lui demande, à caufe
des francs fiefs, & pour les biens que les Habitans de ladite Ville
tiennent en franc-alleu noble & roturier, n'eft que pour être par
eux maintenus en leurs Privileges, fans lefquels au lieu de deux ans
ils auroient été obligez de payer le revenu de trois années. A CES
CAUSES, requeroit le Suppliant qu'il plût à Sa Majefté débouter
lefdits Maire & Jurats de leur Requête ; ce faifant, ordonner que les
rolles faits & à faire au Confeil pour raifon defdits droits feront executez contre ladite Ville & fes Habitans, nonobftant oppofitions &
appellations quelconques : Veu lefdites Requêtes, celle defdits Maire
& Jurats, fignée, Loys leur Avocat, celle dudit Vialet, fignée fon
Avocat, la Declaration faite par lefdits Maire & Jurats de Bordeaux le 11. Mars 1273. devant le Sénéchal d'Edoüard Duc de Guyenne, le traité de la Jurifdiction de la Ville de Bordeaux fous l'obéïffance du Roy Charles VII. du 28. Juin 1451. Deux Ordonnances,
l'une du feu Sieur Seguier lors Intendant en Guyenne, & depuis Chan-
celier de France de l'an 1624. l'autre du Sieur de Seve à prefent Commiffaire départi en ladite Province de l'année 1673. & autres Pieces
attachées aufdites Requêtes : Oüy le rapport du Sieur Colbert, Confeiller ordinaire au Confeil Royal, Controlleur General des Finances : LE ROY ETANT EN SON CONSEIL, ayant
égard à la Requête defdits Maire & Jurats de la Ville de Bordeaux,
fans s'arrêter à celle dudit Vialet, a maintenu & gardé, maintient &
garde les Bourgeois & Habitans de ladite Ville de Bordeaux, enfemble les Communautez Seculieres & Regulieres d'icelle, au droit &
poffeffion de tenir & joüir des alleus nobles & roturiers, franchement & quittement, avec immunitez de toutes fortes de droits &
taxes, enfemble au droit & poffeffion de joüir & tenir des fiefs & autres biens nobles, anciens & nouveaux acquêts, fans être pour raifon
de ce, ni pour raifon de la confirmation de ladite immunité tenus de
payer aucune finance. FAIT Sa Majefté trés expreffes inhibitions &
défenfes audit Vialet, fes Procureurs, Commis, & tous autres qui
feront à l'avenir commis à femblables recherches de les y troubler, &
de faire contre eux aucunes demandes & pourfuites, à peine de trois

mille livres d'amende, & de tous dépens, dommages & interêts, auquel effet feront toutes Lettres neceffaires expediées & fcellées. Fait au Confeil d'Etat du Roy, Sa Majefté y étant, tenu à Verfailles le dernier jour de Mars 1674. Signé, PHELYPEAUX.

Collationné par Nous Confeiller-Clerc, & Secretaire ordinaire de la Ville & Cité de Bordeaux fur fon Original & femblable qui eft dans le Tréfor & Archives de ladite Ville.
Signé, DUBOSCQ.

ARREST DU CONSEIL D'ETAT DU ROY,

qui maintient les Maire & Jurats de Bordeaux dans l'exercice de la Juftice Criminelle.

Extrait des Regiftres du Confeil d'Etat.

VEU par le Roy étant en fon Confeil l'Arrêt rendu en icelui le 17. Octobre 1671. par lequel Sa Majefté ayant été informée qu'à l'occafion de la prévention refpectivement prétenduë par le Lieutenant Criminel de la Sénéchauffée de Guyenne, & les Jurats de Bordeaux, fur le fait de la Juftice Criminelle ; il feroit furvenu une conteftation particuliere entre ledit Lieutenant Criminel, & le Sieur Mallet l'un defdits Jurats, laquelle ayant été portée d'abord au Parlement de Bordeaux, elle auroit été enfuite attirée au Grand Confeil, & Sa Majefté defirant être particulierement inftruite de ce qui a donné lieu à ladite conteftation, elle auroit ordonné que les Procés verbaux, Informations & autres Procedures, même les Titres & Reglemens concernant les prétentions refpectives des Parties, feroient remifes dans un mois pardevant le Sieur d'Agueffeau Confeiller du Roy en fes Confeils, Maître des Requêtes Ordinaire de fon Hôtel, lors Commiffaire départi en la Generalité de Bordeaux, afin de donner fon avis à Sa Majefté, pour icelui vû, & ce qui auroit été remis pardevers lui, être ordonné ce qu'il appartiendroit ; en confequence duquel Arrêt lefdites Parties ont contefté & produit leurs Titres devant le Sieur de Seve auffi Confeiller de Sa Majefté en fes Confeils, & Maître des Requêtes Ordinaire de fon Hôtel, qui auroit été fubrogé à la place dudit Sieur d'Agueffeau en ladite Generalité de Bordeaux : Veu auffi l'avis dudit Sieur de Seve fur toutes les conteftations & productions des Parties : Oüy le Rapport, & tout confideré : LE ROY ETANT

EN

EN SON CONSEIL, a maintenu & maintient les Maire & Jurats de Bordeaux dans l'exercice de la Justice Criminelle, & le Lieutenant Criminel dans la prévention sur eux, conformément à leur possession immemoriale, à l'Arrêt du Parlement de Toulouse du 14. Juillet 1604. à celui du Parlement de Bordeaux du 5. May 1635. & à la Declaration renduë en 1595. Ordonne Sa Majesté que la prévention sera reglée suivant la date du Decret, auquel équipolera la capture de l'accusé, lors qu'il aura été arrêté sur le champ & remis audit Lieutenant Criminel, ou l'un desdits Jurats, même que celui qui sera saisi du cadavre, en cas que l'accusé se soit évadé, sera censé avoir prevenu. Fait Sa Majesté trés-expresses inhibitions & défenses ausdits Jurats d'empêcher directement ni indirectement que les Parties ne se pourvoient indifferemment devant led. Lieutenant Criminel, ou devant eux; Comme aussi d'élargir les Prisonniers qui auront été mis dans leurs prisons empruntées, à peine de 3000. livres d'amende, ni sous les mêmes peines d'user de voye de fait en cas de contestation entre eux sur le fait de la prévention, pour laquelle les Parties se pourvoiront au Parlement de Guyenne; & au surplus seront tenus d'observer les Ordonnances Royaux. Et à l'égard du Procés criminel d'entre lesdits Baillet & Mallet pendant au Grand Conseil, Sa Majesté l'a évoqué à soi & à sondit Conseil, & icelui avec ses circonstances & dépendances a renvoyé & renvoye pardevant led. Sr. de Seve pour le juger, avec tel Presidial de l'étenduë de ladite Generalité de Bordeaux qu'il voudra choisir, lui en attribuant à cette fin & audit Presidial toute Cour, Jurisdiction & connoissance, icelle interdite & défenduë, tant audit Grand Conseil, qu'à tous autres Juges quelconques. FAIT au Conseil d'Etat du Roy, Sa Majesté y étant, tenu à Saint Germain en Laye le 4. Decembre 1676. Signé, PHELYPEAUX.

LOUIS par la grace de Dieu, Roy de France & de Navarre : A nôtre amé & feal le Sieur de Seve, Conseiller en nos Conseils, Maître des Requêtes ordinaire de nôtre Hôtel, & Commissaire départi en la Generalité de Bordeaux, SALUT. Par l'Arrêt de nôtre Conseil d'Etat, dont l'Extrait est ci-attaché sous le Contrescel de nôtre Chancellerie, Nous avons reglé les contestations qui étoient entre le Sieur de Baillet Lieutenant Criminel de la Sénéchaussée de Guyenne, & les Jurats de Bordeaux, au sujet de la prévention respectivement prétenduë entre eux sur le fait de la Justice Criminelle, qui seroit survenu à cette occasion entre ledit Lieutenant Criminel, & le Sieur Mallet l'un des Jurats dudit Bordeaux, lequel étoit pendant en

I

nôtre Grand Conseil , Nous l'avons évoqué à Nous & à nôtre Conseil, & icelui avec ses circonstances & dépendances renvoyé pardevant vous pour le juger dans tel Presidial de l'étenduë de ladite Generalité de Bordeaux que vous voudrez choisir , vous en ayant à cette fin attribué & audit Presidial toute Cour , Jurisdiction & connoissance. A CES CAUSES , Nous vous mandons & ordonnons par ces Presentes signées de nôtre main , de faire aux Parties bonne & briéve Justice, de ce faire vous donnons pouvoir, autorité, commission & mandement special ; commandons au premier nôtre Huissier ou Sergent sur ce requis , de signifier ledit Arrêt à tous ceux qu'il appartiendra , à ce qu'ils n'en prétendent cause d'ignorance & ayent à y déferer & obéïr , & faire en outre pour l'éntiere execution dudit Arrêt tous autres Exploits & Actes de Justice necessaires , sans pour ce demander autre permission : C A R tel est nôtre plaisir. D O N N E' à Saint Germain en Laye le quatriéme jour de Decembre , l'an de grace mil six cens septante-six , & de nôtre Regne le trente-quatriéme. Signé , L O U I S ; Par le Roy, P H E L Y P E A U X.

Signifié le 9. Juin 1677. le susdit Arrêt & Commission , dont copie est des autres parts écrite , à la Requête de M. le Lieutenant General Criminel en Guyenne , au Sieur de Jehan Procureur Syndic de la presente Ville , tant pour lui que pour les Sieurs Maire & Jurats de ladite presente Ville , aux fins qu'il leur soit notoire & qu'ils n'en prétendent cause d'ignorance , par nous Huissier , soussigné. Signé , R O U M A T , Huissier.

ARREST DU CONSEIL D'ETAT DU ROY,

qui maintient & garde les Bourgeois & Habitans de Bordeaux au droit & possession de tenir & posseder tous Francs-Alleus nobles & roturiers, ensemble tous Fiefs & autres Biens nobles.

Extrait des Registres du Conseil d'Etat.

SUR la Requête presentée au Roy en son Conseil par les Maire & Jurats de la Ville de Bordeaux , contenant que le franc-alleu est naturel dans le Bordelois , & comme tel exempt , non seulement de tous droits feodaux , mais de toute sorte de devoirs ordinaires & extraordinaires , non seulement par la disposition du droit commun qui a été le fondement de deux Arrêts du Conseil d'Etat des années 1667. & 1670. rendus en faveur des Habitans de Languedoc , mais encore par un autre titre authentique paſſé il y a plus de quatre ſiecles dans la convocation generale faite par Edoüard Roy d'Angleterre, comme Duc de Guyenne, par la preſtation des hommages dudit Duché, par lequel titre il demeure juſtifié que de tout temps & depuis la conſtruction de la Ville de Bordeaux ſes Habitans ſont en poſſeſſion de tenir leurs biens allodialement, & avec toute ſorte de franchiſe, & qu'ils ont non ſeulement des domaines allodiaux, mais des cenſives & autres droits, ſous la Loi deſquels les Proprietaires deſdits domaines en ont baillé partie à d'autres, que leſd. Habitans ont toûjours joüi de cette allodialité, que toutes les fois que ce droit a été conteſté, il a été confirmé par des Arrêts du Parlement, par des Ordonnances de Commiſſaires départis par Sa Majeſté dans la Province de Guyenne, & par un Arrêt du Conſeil donné en faveur d'un Habitant de Bordeaux en contradictoire défenſe, contre Euldes Hugueny en 1668. que leſdits Habitans de Bordeaux ſont auſſi de tout temps en poſſeſſion de tenir des fiefs comme les veritables nobles, & que les Communautez ſeculieres & regulieres de ladite Ville joüiſſent des mêmes avantages, ſans être pour raiſon de ce ſujets à aucune finance, en conſequence du traité fait avec le Roy Charles VII. en 1451. par les Gens des trois Etats de ladite Ville, lors qu'elle ſe ſoumit ſous ſon obéïſſance, lequel traité porte par exprés que les Habitans de lad. Ville demeureront exempts de toutes impoſitions de ſubſides, que par la Declaration du Roy Henry II. de l'année 1551. il eſt dit que les Habitans de lad. Ville, encore qu'ils ne ſoient nobles, mais roturiers, pourront acquerir des fiefs & terres nobles ; que par deux Sentences renduës par les Commiſſaires départis pour le Reglement du droit des francs-fiefs, des 24. May 1559. & 10. Octobre 1673. les Habitans de Bordeaux ont été declarez exempts, quittes, francs & immunes de payer au Roy aucune finance pour raiſon deſdits francs-fiefs & nouveaux acquêts par eux poſſedez, & que tous les Privileges & immunitez de ladite Ville ont été confirmez par des Lettres Patentes de Sa Majeſté du mois de Septembre 1643. confirmatives des Rois ſes Predeceſſeurs, & que Maître Claude Vialet chargé du recouvrement des taxes faites pour les francs-fiefs en execution de l'Edit de l'an 1672. ayant voulu conteſter l'exemption deſdits Habitans, l'inſtance fut portée au Conſeil d'Etat ; & par un Arrêt contradictoire rendu au rapport du Sieur Colbert, Controlleur General des Finances, le dernier du mois de Mars 1674. LE ROY ETANT EN SON CONSEIL, ayant égard à la Requête deſdits Jurats, ſans s'arrêter à celle de Vialet, a maintenu & gardé leſdits Bourgeois & Habitans de ladite Ville de Bordeaux, enfemble les Communautez feculieres & regulieres d'icelle, au droit & poffeffion de tenir & joüir des alleus nobles & roturiers, franchement & quittement, avec immunitez de toutes fortes de droits & taxes, enfemble au droit & poffeffion de joüir & tenir des fiefs & autres biens nobles, anciens & nouveaux acquêts, fans être pour raifon de ce, ni pour la confirmation en ladite immunité tenus de payer aucune finance, Sa Majefté ayant fait défenfes audit Vialet, fes Procureurs, Commis, & tous autres qui feront à l'avenir commis à femblables recherches de les y troubler, & de faire contre eux aucunes demandes & pourfuites, à peine de trois mille livres, & de tous dépens, dommages & interêts, au préjudice de quoi Maître Jean Fumée, chargé du recouvrement des taxes faites fur les poffeffeurs des francs-alleus & des francs-fiefs, en execution des Edits du mois d'Août 1692. a fait faire des commandemens à plufieurs Habitans de ladite Ville pour le payement defdites taxes, ce qui a obligé lefdits Maire & Jurats de fe pourvoir devant Nous pour faire ceffer lefdites pourfuites. A CES CAUSES, requeroient qu'il Nous plût les faire joüir de l'effet dudit Arrêt dudit jour dernier Mars 1674. & en confequence décharger lefdits Habitans du payement defdites taxes, avec défenfes audit Fumée, fes Procureurs, Commis & tous autres qui feront à l'avenir chargez de femblables recherches, de troubler lefdits Habitans dans ladite exemption pour les alleus qu'ils poffedent dans ladite Province, à peine de trois mille livres d'amende, & de tous dépens, dommages & interêts : Veu ladite Requête defdits Maire & Jurats, les pieces y énoncées & l'Arrêt du Confeil dudit jour dernier de Mars 1674. Oüi le rapport du Sieur Phelypeaux de Pontchartrain, Confeiller ordinaire au Confeil Royal, Controlleur General des Finances, LE ROY ETANT EN SON CONSEIL, ayant égard à ladite Requête, a maintenu & gardé, maintient & garde les Bourgeois & Habitans de ladite Ville de Bordeaux au droit & poffeffion de tenir & poffeder tous francs-alleus nobles & roturiers, enfemble tous fiefs & autres biens nobles, fans être fujets à aucuns droits ni taxes pour raifon de ce, ni pour la confirmation ; & en confequence Sa Majefté décharge lefdits Habitans de toutes taxes faites où à faire en execution defdits Edits du mois d'Août 1692. foit pour la confirmation du franc-alleu, foit pour les droits de francs-fiefs ; leur fait Sa Majefté pleine & entiere main-levée des faifies faites ou à faire pour raifon de ce ; & fait défenfes audit Fumée, fes Procureurs & Commis & tous autres qui pourroient ci-aprés être chargez de femblables recherches, de les y troubler, & de faire contre eux aucunes pourfuites, à peine de trois mille livres d'amende, & de tous dépens, dommages & interêts ; & feront toutes Lettres à ce neceffaires expediées. Fait au Confeil d'Etat du Roy, Sa Majefté y étant, tenu à Marly le 4. Août 1693. Signé, PHELYPEAUX.

Collationné par Nous Confeiller - Clerc & Secretaire ordinaire de la Ville & Cité de Bordeaux fur fon femblable en bonne forme, qui eft dans le Tréfor & Archives de ladite Ville.
Signé, DUBOSCQ.

EXTRAIT DES REGISTRES
de Parlement.

ENTRE Maître Pierre de Breüil, Confeiller du Roy, Lieutenant Criminel en la Sénéchauffée de Guyenne, demandeur ; à ce qu'attendu le refus dés ci aprés nommez d'obéïr à fes Ordonnances ; ce faifant, faire traduire de l'Hôtel de Ville en la Geolerie de Guyenne un Prifonnier accufé de crime de vol & facrilege, avec effraction commis dans l'Eglife de Begle, faire porter au Greffe Criminel de la Sénéchauffée de Guyenne les procedures par eux faites ce concernant, il leur foit enjoint d'obéïr, & inhibé de continuer à l'avenir leurs entreprifes de Jurifdiction, & de connoître des Cas Royaux, aux peines portées par les Ordonnances, d'une part, & les Sieurs Maire & Jurats de la Ville de Bordeaux, défendeurs, d'autre : Oüys dans la Chambre Breüil, Lieutenant Criminel au Siege de Guyenne, Borie Avocat Jurat, affifté de Ribail auffi Jurat, enfemble le Procureur General du Roy : LA COUR fur la conteftation des parties, en ce qui concerne les Cas Royaux, ordonne qu'elles fe pourvoiront ainfi qu'elles verront être à faire : Cependant permet aux Jurats de continuer l'inftruction du Procés en queftion, & de proceder au Jugement d'icelui, fauf l'appel en la Cour. Fait à Bordeaux en Parlement, le 23. Decembre 1698.

Monfieur DE GOURGUE, Prefident.

Collationné. Signé, ROGER, Greffier.

EXTRAIT DES REGISTRES
de Parlement.

ENTRE les Sieurs Maire & Jurats de la Ville de Bordeaux, demandeurs la caffation de plainte, information & procedures incidemment & attentatoirement faites en fait de Police par le Sieur Lieutenant Criminel au Siege de Guyenne, d'une part, & ledit Sieur Lieutenant Criminel audit Siege, defendeur à ladite caffation, d'autre: Oü y Tilhet Jurat, & le Lieutenant Criminel de Guyenne, ensemble Mongiraut pour le Procureur General du Roy : LA COUR, ayant aucunement égard à la Requête des Maire & Jurats de la presente Ville, a caffé & caffe la procedure & information dont est question, faite par ledit Lieutenant Criminel ; auquel la Cour fait défenses de recevoir des plaintes & informations en pareil cas, soit par voye ordinaire, voye de recours, ni autrement, dépens compensez. FAIT à Bordeaux en Parlement & Chambre des Vacations, le 12. Septembre 1699.

Monsieur LE COMTE, Premier President.

Collationné. Signé, ROGER, Greffier.

ARREST DU CONSEIL D'ETAT DU ROY,
qui maintient & garde les Habitans de Bordeaux dans l'exemption du droit de Franc-Fief, & les décharge des sommes ausquelles ils ont été taxez pour raison dudit droit.

Extrait des Registres du Conseil d'Etat.

SUR la Requête presentée au Roy en son Conseil par les Maire & Jurats de la Ville de Bordeaux, contenant que bien qu'aux termes du traité fait avec Charles VII. en 1451. & de la Declaration d'Henry II. de l'année 1551. les Habitans de ladite Ville soient en droit de joüir de plusieurs Privileges, entre autres de l'exemption du droit de franc-fief, qu'ils y ayent été maintenus, non seulement par plusieurs Jugemens des Commissaires du Conseil, mais encore par Lettres Patentes de Sa Majesté du mois de Septembre 1643. Et qu'en consequence ils ayent été déchargez par Arrêts du Conseil des dernier Mars 1674. & 24. Août 1693. des poursuites que les Traitans ont entrepris de faire contre eux, en execution des Edits des mois de Mars 1672. & Août 1692. néanmoins Maître Etienne Chaplet chargé de l'execution de la Declaration de Sa Majesté du 9. Mars 1700. a fait employer dans des Rolles arrêtez au Conseil plusieurs desdits Habitans pour raison de ce droit ; & faute de payement des sommes pour lesquelles ils y ont été compris, il a fait saisir les fruits & revenus de leurs biens ; & dautant que la prétention de ce nouveau Traitant n'a aucun fondement legitime, cette Declaration n'ayant pas dérogé aux Privileges accordez aux Villes, requeroient A CES CAUSES les Supplians qu'il plût à Sa Majesté sur ce leur pourvoir. Veu ladite Requête & les Pieces justificatives du contenu en icelle : Oüy le Rapport du Sieur Fleuriau d'Armenonville, Conseiller ordinaire au Conseil Royal, Directeur des Finances, LE ROY EN SON CONSEIL, ayant égard à ladite Requête, voulant favorablement traiter les Habitans de la Ville de Bordeaux, les a maintenus & gardez dans l'exemption qui leur a été accordée du droit de franc fief ; ce faisant, les a déchargez & décharge des sommes ausquelles ils ont été taxez pour raison dudit droit par les Rolles qui ont été arrêtez au Conseil, en execution de la Declaration du neuviéme Mars 1700. leur fait pleine & entiere main-levée des saisies faites sur eux, à la Requête dudit Chaplet, & de ses Procureurs, Commis ou Preposez. Leur fait défenses de faire à l'avenir aucunes poursuites contre lesd. Habitans, à peine de nullité, cassation de procedures, trois mille livres d'amende, & de tous dépens, dommages & interêts : Enjoint audit Sieur de Labourdonnaye, Conseiller de Sa Majesté en ses Conseils, Maître des Requêtes ordinaire de son Hôtel, Intendant de Justice, Police & Finances en la Generalité de Bordeaux, de tenir la main à l'execution du present Arrêt. F A I T au Conseil d'Etat du Roy, tenu à Versailles, le 29. jour de May 1703. Collationné. Signé, DUJARDIN.

YVES MARIE DE LABOURDONNAYE, Chevalier, Seigneur de Coüetion, Conseiller du Roy en ses Conseils, Maître des Requêtes ordinaire de son Hôtel, Intendant de Justice, Police & Finances en la Generalité de Bordeaux.

VEU l'Arrêt ci-dessus du vingt-neuviéme May dernier, NOUS ORDONNONS qu'il sera executé selon sa forme & teneur : Enjoignons au premier Huissier ou Sergent sur ce requis de le signifier à tous ceux qu'il appartiendra. FAIT à Bordeaux ce 29. Juin 1703. Signé, DE LABOURDONNAYE ; Et plus bas, Par Monseigneur, GALLIER.

Collationné par Nous Conseiller - Clerc & Secretaire ordinaire de la Ville & Cité de Bordeaux sur son Original & semblable qui est dans le Trésor & Archives de ladite Ville. Signé, DUBOSCQ.

EXTRAIT DES REGISTRES
de Parlement.

ENTRE Maître Jean Gachet, Conseiller du Roy & Lieutenant Criminel au Siege de Guyenne, demandeur, à ce qu'attendu qu'il a la prévention sur les Maire & Jurats de la presente Ville, dans l'instance d'entre Charles le Normand, Sieur de Viller, & la nommée Jeanne Doumec, femme de Jean Gorsse Hôte de cette Ville, la Cause & les Parties lui soient renvoyées, & qu'au surplus donnant Reglement aux Parties, il soit ordonné que les Causes lui soient renvoyées quand il aura la prévention, sans que les Prisonniers soient tenus de se mettre en l'état, ni rendre leurs auditions devant lesdits Sieurs Jurats, d'une part. Et lesdits Maire & Jurats, Gouverneurs de Bordeaux, Juges Criminels & de Police, défendeurs & demandeurs aussi la prévention, attendu la matiere dont s'agit d'entre ladite Doumec & ledit de Viller ; & qu'au surplus prononçant ledit Reglement, il soit declaré que le cas de prévention ne puisse être prononcé sans que la Partie soit en l'état, & n'ait rendu son audition sur les charges & le renvoi prononcé qu'à l'Audience, en connoissance de Cause, d'autre part ; Et ladite Doumec Appellante d'un Appointement d'élargissement rendu par le Lieutenant Criminel de la personne dudit Sieur Viller, & demanderesse la cassation dudit Appointement comme contraire à l'Ordonnance, d'autre ; Et ledit Sieur de Viller intimé & appellant de son Chef du Decret de prise de corps contre lui decerné par lesdits Seigneurs Maire & Jurats de la presente Ville, d'autre part ; Et ladite Doumec Intimée sur ledit appel, d'autre : Oüis dans la Chambre Coutelier Avocat, assisté de Faure pour ledit de Viller, Peros Avocat, assisté de Penicaud Substitut de Materre pour ladite Doumec, Gachet Lieutenant Criminel en sa Cause, Ledoux Avocat Jurat, assisté de Reymond aussi Jurat en leurs Causes, ensemble Dudon pour

le

le Procureur General du Roy. LA COUR, faifant droit de l'appel interjetté de la Partie de Peros de l'Appointement rendu par le Lieutenant Criminel au Siege de Guyenne, a mis & met ledit appel & ce dont a été appellé du néant ; en émandant, a caffé & caffe ledit Appointement comme contraire à l'Ordonnance : Fait inhibitions & défenfes aud. Lieutenant Criminel & tous autres Juges d'élargir aucuns Prifonniers fans voir les Procedures, conformément à l'Ordonnance, titre des Decrets, article vingt-deux : Et fur l'appel interjetté par la Partie de Coutelier du Decret de prife de corps decerné par les Maire & Jurats de la prefente Ville, a mis & met les Parties hors de Cour & de Procés ; condamne ladite Partie de Coutelier en douze livres d'amende envers le Roy ; néanmoins évoquant & retenant le fonds & principal des excés, & y faifant droit, a condamné & condamne la Partie de Coutelier pour tous dépens, dommages & interêts, penfemens & medicamens envers celle de Peros en la fomme de cent vingt livres ; & moyenant ce & autres conclufions des Parties, les a auffi mifes & met hors de Cour & de Procés : Et faifant droit des conclufions du Procureur General du Roy, enfemble des Maire & Jurats, ordonne qu'à l'avenir les Particuliers decretez, tant par ledit Lieutenant Criminel, que par lefdits Maire & Jurats, rendront leurs auditions avant de pouvoir demander leur renvoi, & que les decretez de prife de corps feront en état ; attant declare n'y avoir lieu de prononcer fur la prévention prétenduë par lefdits Lieutenant Criminel & Jurats, fans préjudice néanmoins de leur être fait droit en autre caufe. Fait & octroye main-levée de l'amende confignée és mains du Receveur, à la délivrance de laquelle il fera contraint par corps. FAIT à Bordeaux en Parlement le 14. Decembre 1703.

Monfieur LE BERTHON, Prefident.

Collationné. Signé, ROGER, Greffier. Pro Rege.

LETTRES PATENTES DU ROY
Loüis XV. portant confirmation de Privileges en faveur des Maire & Jurats & Habitans de la Ville de Bordeaux.

LOUIS par la grace de Dieu, Roy de France & de Navarre : A tous prefens & à venir, SALUT. Les Maire & Jurats, Gouverneurs de nôtre bonne Ville de Bordeaux, ayant député vers Nous les

Sieurs Jean-Baptiste Beaune, Jean Piffon, & Leonard de Jehan, pour Nous rendre, au nom des Bourgeois & Habitans de nôtredite Ville, les foumiffions & les hommages qui Nous font dûs, à caufe de nôtre avenement à la Couronne, Nous ont fait trés-humblement reprefenter, qu'en confideration du zéle & de la fidélité dont cette même Ville a de tout temps donné des preuves fignalées & effectives dans les occafions qui fe font prefentées, il a plû aux Rois nos Predeceffeurs d'accorder aux Bourgeois & Habitans d'icelle en general, & aux Maire & Jurats en particulier differens droits, pouvoirs, prerogatives & Privileges confiderables, lefquels confiftent principalement, par rapport aufd. Habitans, dans l'exemption de toutes Tailles & cruës d'icelles, dans la faculté de pouvoir, quoique roturiers, acquerir & poffeder des fiefs & terres nobles, fans être affujettis à aucune finance, & dans divers autres droits qui concernent l'entrée, la vente & le débit des vins Bourgeois, ou provenant du Cru de la Sénéchauffée de Bordeaux; mais que ceux des Maire & Jurats en particulier confiftent dans le droit d'exercer la Juftice politique, & de connoître en matiere criminelle des affaires qui regardent indiftinctement toutes fortes de perfonnes, foit nobles ou roturieres demeurantes dans la Ville & dans l'étenduë de la Banlieuë d'icelle, dans le Gouvernement de ladite Ville, la garde de fes clefs & le commandement des Armes, fous l'autorité néanmoins du Gouverneur ou du Commandant General de la Province; que tous ces Privileges leur ont été accordez de temps immemorial, & qu'ils y ont été en differens temps maintenus, rétablis ou confirmez par les Rois de France ou d'Angleterre, fuivant que la Guyenne a paffé fous la domination des uns & des autres; que l'ancienneté du droit & de la poffeffion des Jurats, par rapport à la Jurifdiction criminelle fur toutes fortes de perfonnes nobles & roturieres, fe trouve particulierement juftifié par un Edit de Philippe le Bel de l'année 1295. vulgairement appellé la Philippine; que cet Edit a été fuivi de plufieurs autres titres non moins authentiques, & notamment de deux Edits d'Edoüard & d'Henry Rois d'Angleterre, des années 1360. & 1422. d'un autre Edit de François II. de 1560. de diverfes Lettres Patentes de confirmation generales; & enfin d'un Arrêt du Confeil d'Etat du 4. Septembre 1676. par lequel le feu Roy nôtre très-honoré Seigneur & Bifayeul les a folemnellement maintenus dans cette Jurifdiction; qu'à l'égard de la Police, du Gouvernement de la Ville, de la garde de fes clefs, du commandement des Armes, de l'exemption des Tailles, & du droit d'acquerir & poffeder des fiefs & terres nobles, il paroît que ces Privileges, ainfi que ceux qui concernent les vins du Cru de la

Sénéchauffée, font auffi d'une conceffion des plus anciennes, ayant même été confirmez dés l'année 1451. par un traité fait avec le Roy Charles VII. & qu'aprés avoir été fupprimez par Henry II. en 1548. ils ont été rétablis par le même Roy en 1550. & renouvellez par Charles IX. en 1560. & 1566. & ont été depuis expreffement ou indéfiniment de nouveau confirmez par les Rois leurs Succeffeurs par Lettres Patentes d'Henry III. de 1583. d'Henry IV. de 1591. & 1602. & notamment par celles du même Roy de 1597. pour ce qui regarde l'exercice & l'execution de la Police, par celles de Loüis XIII. de 1610. & 1612. & de Loüis XIV. de 1643. & par differens Arrêts de nôtre Confeil, des années 1674. 1693. & 1703. en forte que les Expofans & les Bourgeois de Bordeaux en general ont toûjours joüi de ces Privileges fans interruption ; & comme ils ont un interêt fenfible d'avoir pareillement de Nous la confirmation & le renouvellement de ces mêmes Privileges qui leur font en même temps fi honorables & fi avantageux, afin de prevenir les troubles & difficultez, que l'on pourroit faute de ce leur faire à l'avenir dans la joüiffance d'iceux, ils Nous ont trés-humblement fait fupplier de vouloir en faveur de nôtre avenement à la Couronne, leur octroyer nos Lettres fur ce neceffaires. A CES CAUSES, aprés avoir fait voir en nôtre Confeil les Edits & Lettres Patentes de confirmation defdits Privileges, & les Arrêts ci-deffus mentionnez, le tout ci-attaché fous le Contrefcel de nôtre Chancellerie; voulant favorablement traiter lefdits Expofans, & commencer à leur donner des marques de nôtre bienveillance, & de nôtre protection finguliere, afin de les engager davantage à conferver pour Nous & nôtre Etat ce zéle & cette fidélité dont ils ne fe font jamais départis, de l'avis de nôtre trés-cher & trés-amé Oncle le Duc d'Orleans Regent, de nôtre trés-cher & trés-amé Coufin le Duc de Bourbon, de nôtre trés-cher & trés-amé Oncle le Duc du Maine, de nôtre trés-cher & trés-amé Oncle le Comte de Touloufe, & autres Pairs de France, Grands & Notables Perfonnages de nôtre Royaume, & de nôtre grace fpeciale, pleine puiffance & autorité Royale, Nous avons approuvé, continué & confirmé, approuvons, continuons & confirmons par ces Prefentes fignées nôtre main tous & chacuns les Droits, Pouvoirs, Privileges, Franchifes & Exemptions ci-deffus touchez, à eux octroyez par nofdits Predeceffeurs Rois, & contenus éfdites Lettres Patentes, Edits & Arrêts fur ce intervenus ; & iceux Privileges & chacun d'eux en tant que befoin eft ou feroit leur avons de nouveau concedez & accordez, concedons & accordons par ces mêmes Prefentes, pour par lefdits Bourgeois & Habitans en general, & lefdits Maire & Jurats en parti-

K ij

culier en joüir & uſer à l'avenir , ainſi qu'ils ont ci-devant bien & dûё-
ment joüi , & qu'ils en uſent & joüiſſent encore à preſent ; & en conſequence pouvoir par leſdits Maire & Jurats regir & gouverner ladite
Ville , conformément aux Statuts & Reglemens faits & obſervez pour
raiſon de ce, pour le bien de nôtre Service & celui du Public. SI
DONNONS EN MANDEMENT à nos amez & feaux Con-
ſeillers les Gens tenans nôtre Cour de Parlement de Bordeaux,
Chambre de nos Comptes à Paris , Cour des Aydes, Tréſoriers de
France , Generaux de nos Finances de Guyenne , & à tous autres
nos Officiers & Juſticiers qu'il appartiendra, que ces Preſentes ils
ayent à enregiſtrer , & du contenu en icelles faire joüir & uſer leſdits
Expoſans & Habitans & leurs Succeſſeurs , pleinement, paiſiblement
& perpetuellement , ceſſant & faiſant ceſſer tous troubles & empêchemens , & nonobſtant tous Edits , Ordonnances , Défenſes, Lettres
& Arrêts à ce contraires,oppoſitions ou appellations quelconques ; dont
ſi aucunes interviennent , Nous Nous reſervons la connoiſſance, &
icelle interdiſons à toutes nos Cours & Juges : CAR tel eſt nôtre plaiſir ; Et afin que ce ſoit choſe ferme & ſtable à toûjours , Nous avons
fait mettre nôtre Scel à ceſdites Preſentes. DONNE'ES à Paris au
mois de May , l'an de grace mil ſept cens ſeize , & de nôtre Regne
le premier. Signé, LOUIS ; Et ſur le repli, Par le Roy, LE DUC
D'ORLEANS Regent , preſent. PHELYPEAUX. Viſa, VOYSIN.
Et ſcellées du grand Sceau de cire verte.

EXTRAIT DES REGISTRES
de Parlement.

VEU par la Cour la Requête à elle preſentée par les Maire,
Soufmaire & Jurats de la Ville de Bordeaux , contenant qu'il a
plû au Roy de leur accorder & à ladite Ville des Lettres Patentes de
confirmation de leurs Privileges, datées du mois de May dernier,
attant requierent qu'il plaiſe à la Cour ordonner que leſdites Lettres
Patentes de confirmation ſeront enregiſtrées és Regiſtres de la Cour,
pour par les Supplians & Habitans de ladite Ville & leurs Succeſſeurs
joüir du contenu en icelles , conformément à la volonté du Roy, ladite
Requête ſignée , de Jehan, Procureur Sindic, Suppliant, & Thomas
leur Procureur, appointée de l'Ordonnance de la Cour , ſoit montré
au Procureur General du Roy , & de lui réponduё le jour d'hier con-
ſentir le ſuſdit enregiſtrement. Signé, Duvigier: Veu auſſi leſdites

Lettres Patentes du Roy données à Paris au mois de May 1716.
Signées, LOUIS; Et ſur le repli, Par le Roy, le Duc d'Orleans
Regent, preſent. Signé, Phelypeaux, & à côté, Viſa, Voyſin. Et
ſcellées du grand Sceau de cire verte, en lacs de ſoye rouge & verte,
par leſquelles pour les cauſes y contenuës Sa Majeſté confirme les
Privileges de la Ville en faveur deſdits Maire & Jurats & Habitans de
Bordeaux: Veu auſſi les Edits de nos Rois, Arrêts du Conſeil d'Etat,
Privileges des Bourgeois de la Ville & Cité de Bordeaux, & Extrait
du Livre des Status & Arrêts rendus par la Cour, le tout attaché ſous
le Contreſcel deſdites Lettres Patentes adreſſées à la Cour aux fins de
leur enregiſtrement. DIT A E'TE', que la Cour du conſentement
du Procureur General du Roy a ordonné & ordonne que leſdites Lettres Patentes, portant confirmation des Privileges de la preſente Ville,
ſeront enregiſtrées és Regiſtres de la Cour, pour y avoir recours quand
beſoin ſera, & joüir par les Supplians & Habitans de ladite preſente
Ville du contenu en icelles, conformément à la volonté du Roy. Prononcé à Bordeaux en Parlement, le 8. Juillet 1716.

Meſſieurs { DE GILLET DE LA CAZE, Premier Preſident.

{ LAFON, Rapporteur.

Collationné. Signé, ROGER, Greffier.

Le 8. Juillet 1716. en conſequence de l'Arrêt de ce jourd'hui, ces Pre-
ſentes ont été enregiſtrées és Regiſtres de la Cour, pour y avoir recours
quand beſoin ſera. Fait à Bordeaux au Greffe de ladite Cour ledit jour que
deſſus.

Collationné. Signé, ROGER, Greffier.

Regiſtrées en la Chambre des Comptes : Oüy le Procureur General du
Roy, pour être executées ſelon leur forme & teneur, & joüir par les Impe-
trans de l'effet contenu en icelles, ainſi qu'ils en ont bien & dûement joüi
par le paſſé, & joüiſſent encore preſentement, ſuivant & aux charges portées
par l'Arrêt ſur ce fait le 23. May 1716. Signé, NOBLET.

EXTRAIT DES REGISTRES
de la Cour des Aydes & Finances de Guyenne.

VEU par la Cour la Requête à elle preſentée par les Maire, Souf-
maire & Jurats, Gouverneurs de Bordeaux, contenant qu'il a plû

au Roy de leur accorder & à ladite Ville des Lettres Patentes de confirmation de leurs Privileges datées du mois de May dernier, lefquelles ils ont l'honneur de prefenter, afin qu'il leur plaife en ordonner l'enregiftrement, pour par les Supplians joüir de l'effet & contenu en icelles ; attant auroient conclu, qu'il plût à ladite Cour ordonner que lefdites Lettres Patentes, portant confirmation des Privileges, feront regiftrées és Regiftres d'icelle, pour par les Supplians & Habitans de ladite Ville & leurs Succeffeurs joüir de l'effet d'icelles, conformément à la volonté du Roy, ladite Requête fignée, Dejehan, Procureur Sindic, & Laffus Procureur, réponduë de l'Ordonnance de la Cour, foit montré au Procureur General du Roy, avec les conclufions dudit Procureur General, portant confentement à l'enregiftrement defdites Lettres, fignées, Darche : Veu auffi lefdites Lettres de confirmation defdits Privileges datées que deffus. Signées, LOUIS; Et fur le repli, Par le Roy, le Duc d'Orleans Regent, prefent. Phelypeaux. Et fcellées du grand Sceau de cire verte, en lacs de foye rouge & verte : Veu auffi divers autres titres attachez à ladite Requête; & aprés avoir oüi le rapport fait par le Sieur de Gombault, Confeiller & Commiffaire à ce député, & tout confideré : DIT A E'TE', que la Cour ayant égard à ladite Requête & aux conclufions du Procureur General du Roy, a ordonné & ordonne que les Lettres Patentes accordées par le Roy, portant confirmation des Privileges, feront regiftrées és Regiftres de la Cour, pour y avoir recours quand befoin fera, & joüir par les Habitans de la Ville de Bordeaux de l'effet & contenu en icelles, conformément à la volonté du Roy. Prononcé à Bordeaux en la Cour des Aydes & Finances de Guyenne, le 5. Août 1716.

Meffieurs { *DE SUDUIRAUT*, Premier Prefident.
{ *DE GOMBAULT* jeune, Rapporteur.

Collationné. Signé, PARCABE.

Regiftrées és Regiftres de la Cour des Aydes & Finances de Guyenne, en confequence de l'Arrêt de ladite Cour du 5. du prefent mois d'Août 1716. par moi fouffigné Greffier en Chef. A Bordeaux ledit jour.

Signé, PARCABE.

FIN.

TABLE

DES MATIERES CONTENVËS
dans ce Recüeil.

Le chiffre défigne la page.

Droit

DES MATIERES.

L

M

L

DES MATIERES.

Fin de la Table.